책、 읽는 재미 말고

책, 읽는 재미 말고

…솔직히 다 읽으려고 사는 건 아니잖아요…

조경국 지음

유유

들어가는 말

읽는 재미 말고 다른 재미는 없을까?

책은 오랜 세월 인간의 소유욕을 자극하는 물건이었다. 종이가 발명된 이후 4세기 경부터 현재의 책과 비슷한 형태인 코덱스가 만들어지며 책은 끊임없이 발전했다. 책은 독서를 위해 만들어지긴 했지만, 어디에나 어울리는(심지어 화장실에도!) 사물이고 내가 가진 지식이나 공간을 뽐내는 액세서리기도 하다. 약간의 주의만 기울인다면 변형 없이 수백 년이 지나도록 형태를 유지하며 안목 있는 수집가에겐 재테크의 수단이 되기도 한다. 사실 책은 읽지 않아도, 가질 수 없어도, 향기만으로 사람들을 매혹하는 존재다. 움베르토 에코는 『책의 우주』에서 이렇게 말했다.

책들의 향기를 맡는 것만으로도 정신이 살찌워지지 않았던 사람이 우리 가운데 몇이나 될까요?

책에는 꼭 읽는 재미만 있는 건 아닌데, 다른 재미에 대해 이야기하는 책은 없나 궁금했다. 열심히 뒤져 보았지만 이 주제에 대해 이야기하는 책을 찾는 데 실패했다. 물론 책이나 서점에 관한 책에서 독서의 재미 외에 이런저런 재미를 언급하기도 하지만 책의 첫 번째 목적이자 재미인 독서를 완전히 배제하고 이야기해 보고 싶은 삐딱한 마음이 일었다. 독서의 매력을 설명하는 책이야 워낙 많고, 고전 명작이나 베스트셀러를 소개하며 이런 걸 읽어야 공부도 잘하고 성공할 수 있다고 말하는 책도 쉽게 찾아볼 수 있다. 주류에서 벗어난 책을 좋아하고, 읽는 것보다 소유에 집착했던(과거형으로 쓰고 싶다) 나로선 책이 가진 다른 재미와 매력을 자랑해 보고 싶었다.

어떤 재미가 있을까 아이디어가 떠오를 때마다 메모했다. 그게 나 혼자만 느끼는 재미라면 독자가 공감하기 어려울 테니 적어도 책 좋아하는 사람이라면 누구나 가졌을 법한 취향이나 한 번쯤은 "이래서 내가 책을 사지!" 하고 생각해 보았을 만한 재미를 골랐다.

예를 들면 '책 냄새 맡는 재미'는 넷플릭스 드라마 『방랑의 미식가』에서 힌트를 얻었다. 은퇴한 샐러리맨인 주인공 다케시는 오래전에 단골로 다녔던 헌책방(진보초에 있는 니시아키 서점)에 그동안 읽던 난바라 미키오南原幹雄의 역사 소설 『보쇼 호조소운』謀将 北条早雲의 하권을 찾으러 간다. 그가 헌책방에서 "아~ 이 냄새"라며 좋아하는 모습이 내 '재미 목록'에 추가되었다. 책을 좋아하는 사람이라면 책 냄새가 고급 향수까진 못 되어도 호감 있는 사람이 바르고 온 스킨 로션 향기 정도는 된다고 인정할 수 있을 테다.

『방랑의 미식가』처럼 '드라마와 영화 속 서점이나 책을 찾아보는 재미'도 빼놓을 수 없다. '책 숨겨 놓는 재미'나 '책싸개 하는 재미'는 아마 극소수의 독자만이 공감할 내용일 테지만 그래서 더욱 이야기하고 싶은 욕심이 컸다.

그렇게 스무 가지 재미를 목록으로 뽑았다. 억지로 스무 가지를 채우려고 하진 않았다. 목록을 썼다고 해도 설득할 근거가 없다면 다른 재미까지 독자들의 의심을 받을 수 있으니까. 다른 독서가들이 남긴 이야기들을 적절하게 이야기에 섞기 위해 최대한 기억을 살려 기록을 찾아보았다. 정확한 출처를 알 수 없을 때는 내 이야기를 끄집어 냈다. '책벌레'나 '책덕후'처럼만 보이지 않기 위해 나름대로 보편적이고 공감을 얻을 만한 걸 쓰려고 노력했다, 고 담담하게 말하고 싶지만 책에 대한 애정을 마냥 감출 수는 없었다. 그 점은 감안하고 읽어 주시길 부탁드린다. 사실 나 정도는 '책덕후'라고 할 수도 없다. 어쩌다 보니 작은 헌책방을 열었고, 책에 대한 이야기를 쓸 기회를 얻었을 뿐이다. 지금까지 만났던 애서가들에 비하면 내 책 사랑은 한참 모자라다.

이 책을 쓴 목적은 단 하나, 책방으로 사람들을 이끌어 책을 사게 만드는 것이다. 읽지 않아도 사서 집에 쟁여 놓고 싶게 하는 많은 재미를 알려주고 싶었다. 물론 사람들이 점점 책을 찾지 않는 시대이니 헛발질이 될 수도 있지만, 누가 알겠는가? 평소 책을 가까이하지 않다가 우연히 이 책을 본 독자가 서점이나 도서관을 찾아 줄지. 그것만으로도 족하다.

끝으로 이 책이 나오기까지 물심양면 도와주신 모

든 분들, 특히 소소책방에서 한 권이라도 책을 구입했던 손님들께 감사드린다. 항상 건강하시길!

2025년 가을, 소소책방에서

조경국

1

책 냄새 맡는 재미

저녁 늦게 퇴근하여 문을 열고 들어서면 낡은 종이 냄새와 곰팡이 냄새들이 물씬 코를 찔렀고 그것을 나는 견딜 수가 없었다. 나는 꼭두새벽부터 일어나 책꽂이를 걸레로 닦곤 했다. 출근 시간에 늦는 것도 아랑곳하지 않고 한 권 한 권의 책 낱장들을 후루룩 들춰가며 먼지를 털었다.

— 한강, 『여수의 사랑』(문학과지성사, 1995)

책을 구입하면 버릇처럼 책의 정수리에 코를 대고 냄새를 맡는다. 내게 책의 정수리는 책등과 책머리가 만나는 가장자리, 그쯤이다. 만약 처음 보는 사람에게(친한 사이라도) 정수리 냄새를 맡아 보자고 한다면 변태 소리를 듣겠지만 다행히 책은 아무 말도 없다. 냄새를 맡으며 이 출판사는 이런 종이와 잉크를 써서 책을 만드는구나 확인한다. 눈으로 살펴보는 것만으로 부족한 정보를 냄새로 보충한다. 눈으로 확인하는 행위가 구체적인 실증의 영역이라면, 코로 냄새를 맡는 행위는 추상적인 감각의 영역에 속한다.

그런데 시각 정보보다 이 후각 정보가 더 중요한 때가 있다. 사람이 처음 만난 상대를 살필 때 아무리 외모가 잘 생겨도 고약한 냄새를 풍긴다면 그에게 호감을 느낄 수 없을 것이다. 또 특정한 냄새나 향기는 잃어버렸던 기억이나 감정을 다시 떠올리게 만든다. 이걸 '프루스트 현상'Proust Effect이라고 한다. 마르셀 프루스트의 『잃어버린 시간을 찾아서』 첫째 권에서 주인공 마르셀은 마들렌을 홍차에 적셔 먹으며 어린 시절을 떠올린다.

> 아주 오랜 과거로부터 아무것도 남아 있지 않을 때에도, 존재의 죽음과 사물의 파괴 후에도, 연약하지만 보다 생생하고, 비물질적이지만 보다 집요하고 보다 충실한 냄새와 맛은, 오랫동안 영혼처럼 살아남아 다른

모든 것의 폐허 위에서 회상하고 기다리고 희망하며, 거의 만질 수 없는 미세한 물방울 위에서 추억의 거대한 건축물을 꿋꿋이 떠받치고 있다.

— 마르셀 프루스트, 『잃어버린 시간을 찾아서1: 스완네 집 쪽으로』(김희영 옮김, 민음사, 2012)

책이 가진 냄새야말로 기억을 소환하는 능력이 탁월하다. 책은 태생부터 기억을 저장하기 위한 물건이고, 펼치지 않아도 그 냄새만으로 과거의 어느 공간으로 우리를 데려다주는 마법을 부리기도 한다. 마르셀이 마들렌을 집었을 때 느낀 감정은 애서가가 낡은 책을 펼쳤을 때와 비슷하지 않을까?

냄새 때문에 사랑하는 책이라면 도스토옙스키의 『백야』를 꼽고 싶다. 잡지사에서 외국 유명 소설을 단행본으로 제작해 부록으로 끼워 주던 시절, 『학생중앙』 1974년 11월호 별책부록으로 나온 것을 가지고 있다. 『백야』의 정수리에선 아직 온기가 남은 숯 냄새가 난다. 오토바이를 타고 시베리아의 어느 불타고 있는 자작나무 숲을 가로지를 때 맡았던 냄새다. 그냥 오래된 책 냄새가 아니라 '스모키 향', 불티가 타닥거리며 꺼져 가는 나무의 향기다.

우리가 책 냄새를 맡을 수 있는 이유는 휘발성 유기화합물 분자들이 공기 속을 떠돌다 코 안의 후각 상피를 자극하고 이 신호가 대뇌로 전달되기 때문이다. 헌책에서 나는 달콤한 냄새는 나무의 조직을 구성하는 주요 성분인 리그닌이 분해되며 바닐린이라는 유기화합물로 변한 덕분이다. 이 바닐린은 바닐라 향을 내는 인공 향미제의 원료이기도 하다. 오래된 책일수록 달콤한 바닐라 냄새가 난다고 하는데, 내가 좋아하는 『백야』에서는 그보다는 아궁이 불쏘시개로 쓰이기 직전에 겨우 목숨을 건진 듯한 나무 냄새가 난다.

오래된 책은 냄새로 제 삶을 증명한다. 아무도 귀하게 생각하지 않던 잡지 부록이 50년을 살아남으면 이런 거친 향기를 획득하는 것이다.

이 책에 실린 「나스첸카 이야기」에는 할머니가 말벗이 되어 주는 손녀 나스첸카에게 책을 권하는 남자를 조심하라고 충고하는 장면이 나온다.

> 그런 책엔 말이다. 젊은 남자들이 결혼하겠다든지 뭐라든지 하는 그럴듯한 구실을 붙여 품행이 단정한 처

白 夜
도스토예프스키
蔡 大 治 역
「학생中央」'74. 11월호 별책부록
БЕЛЫЕ НОЧИ
세계의 명작 6

> 녀들을 유혹해서 부모들이 있는 집에서 꾀어내다가 나중에는 그 불쌍한 처녀들을 될 대로 되라고 내버리고 만단다. 그리고 처녀들은 그야말로 비참하게 되어버리고 만다는 그런 것이 쓰여 있단다.

『백야』에서 나스첸카가 읽은 건 “월터 스콧과 뿌쉬킨 같은 책들”이다. 도스토옙스키는 자신이 어린 시절 사랑했던 작가들의 이름을 작품 속에 슬쩍 끼워 넣었다. 책 읽는 남자에 대한 할머니의 편견을 담은 이 문장들은 사실, 작가의 자조가 아닐까?

조지프 브로드스키의 『하나 반짜리 방에서』라는 책에선 누구나 상상하는 오래된 책 냄새, 쿰쿰하고 달콤한 냄새가 난다. 아마 숙성된 바닐린 냄새이리라. 브로드스키와 도스토옙스키의 삶에는 닮은 구석이 있다. 두 사람 다 체제에 순응하지 않았다. 도스토옙스키는 사회주의 모임에 참여했다는 이유로 시베리아에서 유형 생활을 했고, 조지프 브로드스키는 ‘사회의 기생충 같은 존재, 시인’이라고 비난 받으며 1972년 추방당해 미국으로 떠나야 했다. 1987년 노벨문학상 수상자인 그의 작품이 국내에도 번역되었지만 대부분 절판되어 구하

기가 힘들다. 이 책에는 그가 1960년대 러시아(당시엔 소비에트연방이었다)로 유학 왔던 학생과 학자 들이 헌책방에 남기고 간 "달콤한 제본 냄새"가 나는 시집을 구하러 다닌 이야기가 나온다. 내가 가진 『하나 반짜리 방에서』의 냄새와 그가 찾아다닌 시집의 냄새가 비슷하지 않을까 상상해 본다.

> 나는 이 시집들을 아주 좋아했는데, 그 내용 때문만이 아니라 언저리가 누렇게 변색한 페이지들과 달콤한 제본 냄새 때문에도 이 책들을 좋아했다. 이 시집들은 너무나 미국적이라고 느껴졌으며, 정말로 호주머니에 들어갈 만한 그런 크기였다. 그 책은 전차 안에서나 공공장소에서도 호주머니에서 꺼내 읽을 수가 있었으며, 비록 그 내용을 절반이나 3분의 1밖에 이해할 수가 없기는 해도, 그 시들은 당장 내가 처한 현실을 쫓아버리고는 했다.
>
> — 조지프 브로드스키, 『하나 반짜리 방에서』
> (안정효 옮김, 고려원, 1987)

낡은 헌책들에 비해 이제 막 서점에 진열된 새 책

냄새는 결코 향기롭다고 할 수 없다. 종이와 잉크를 만들기 위해 어쩔 수 없이 넣었을 화학첨가물들이 인공적인 냄새를 뿜는다. 책등과 내지를 단단히 붙이기 위해 발랐을 접착제가 그 냄새의 5할쯤, 잉크가 3할쯤 되고 나머지가 종이의 몫인 듯하다. 새 책은 세월이 한참 흘러야 종이와 잉크의 묵은 향을 내기 시작한다. 같은 인쇄소에서 나온 책이라도 어느 공간에 있었는지, 누구의 손을 거쳤는지에 따라 다를 수밖에 없다. 나온 지 오래되었어도 아직 새 책 냄새를 품고 있다면 아무도 펼쳐보지 않은, 주인의 사랑을 받지 못한 책일 가능성이 크다. 묵은 냄새가 날수록, 종이와 잉크 냄새가 다른 냄새와 섞여 있을수록 사람들 손을 많이 탔을 것이다. 책에 사람의 마음이 있다면 자신의 체취가 오래 묵은 나무의 향기이길 바랄 것이다.

어릴 때 자주 드나들던 헌책방이 있었다. 작고 낡은 건물이었다. 좁은 입구를 지나 어두컴컴한 계단을 내려가면 밖에서 봤던 것보다 두세 배는 더 큰 공간이 나왔다. 간헐적으로 깜박이는 형광등 아래서 수많은 책들이 반짝였다. 빼곡히 쌓인 책들 사이를 거닐면 지하

의 퀴퀴한 냄새와 오래된 특유의 냄새가 뒤섞여 코를 찔렀고, 그제야 나는 안도감을 느끼며 책을 둘러보곤 했다.

— 윤정인, 『책들이 머무는 공간으로의 여행』
(이부록 그림, 알마, 2017)

비 오는 날 책방 문을 열고 들어서면 책 냄새가 평소보다 훨씬 더 진하게 풍긴다. 종이와 잉크, 책을 만들기 위해 첨가했던 모든 물질이 공기 속 습기를 끌어안았다가 제 냄새와 함께 내놓기를 반복한다. 책을 좋아하는 사람에겐 명품 브랜드의 향수 냄새 같겠지만 그렇지 않은 사람들에겐 참기 힘든 곰팡내처럼 느껴질 수도 있다. 실제로 "우와~ 곰팡이 냄새!"라며 코를 쥐며 기겁했던 손님이 있었다. 헌책방이 처음인 손님이었으리라. 같이 온 다른 손님은 편안한 모습이었다. 냄새에 대한 반응만으로도, 누가 책을 좋아하는 사람인지 바로 알아볼 수 있었다.

책방 문을 열 때마다 오래전 다녔던 책방들의 기억이 자연스레 떠오른다. 책 냄새에 처음 홀린 곳은 문화서점이었다. 고등학생 시절 집에서 가장 가까운 헌책방으로, 걸어서 10분 거리였다. 책방 안쪽에 살림할 수 있는 작은 방이 딸린 구조였고, 출입문 쪽에 정리되지 않은 책과 잡지들이 쌓여 있었다. 쪼그리고 앉아 책을 고르고 있으면 종종 안쪽에서 맛있는 음식 냄새가 났다. 내게는 낡은 책들이 풍기는 냄새가 처음부터 나쁘지 않았다. 만약 문화서점 문을 처음 들어서던 그때 책 냄새에 거부감을 느꼈다면 지금의 나도, 이 책방도 아마 없을 것이다.

> 한순간을 다시 살아내는 능력이 우리에게 힘을 준다. 종으로서 인간의 생존은 기억하는 이 능력에 달려 있다(어떤 나무 열매는 먹지 말 것, 이빨 가진 큰 동물에게는 접근하지 말 것, 불에 가까이 다가가기는 하되 건드리지 말 것 등등). 하지만 우리 내면의 자아의 생존 역시 기억에 달려 있다. 그게 아니라면 우리가 왜 예리한 후각을 가졌겠는가?
>
> — 나나 상코비치, 『혼자 책 읽는 시간』(김병화 옮김, 웅진지식하우스, 2012)

『혼자 책 읽는 시간』의 저자 나나 상코비치는 "행

복한 순간을 회상하고 다시 행복함을 느끼게 해주는 것은 경험, 이미 살아본 삶"이라며, 그 경험이 얼마나 중요한지 말한다. 냄새는 그런 행복한 순간을 되살려 내는 가장 강력한 도구다. 그는 상록수 냄새가 크리스마스의 즐거운 시간을, 팝콘 냄새가 예전에 보았던 영화를 떠올리게 한다고 했다. 내게 만약 『향수』의 주인공 그르누이처럼 "소파의 부드러운 쿠션에 등을 기댄 채 향기의 책을 펼쳐 냄새의 추억들을 읽을" 수 있는 능력이 주어진다면, 내 향기의 책은 책과 책방과 도서관의 향기로 채울 테다. 그리고 그 책은 언제나 책상 위에 펼쳐 둘 테다. 그 향기로 책을 읽고 책방을 찾던 때의 행복감을 바로 되살릴 수 있도록.

2

이 빠진 시리즈 채워 넣는 재미

"아, 가사이 군…… 실은 이 고서+는 간분寛文(1661 ~ 1673년) 때 첫 출간된 서적으로, 여섯 권으로 구성되어 있습니다."
노인은 기쁨을 주체하지 못하는 모습이었다.
"다섯 권까지 모았는데…… 아무리 찾아다녀도 나머지 한 권을 구할 수 없었어요. 어언 이십 년 가까이, 아니 더 오랫동안 찾아다녔을 겁니다."

— 가지야마 도시유키, 『고서 수집가의 기이한 책 이야기』 (이규원 옮김, 북스피어, 2017)

1, 2권만 빠진 『도쿠가와 이에야스』가 책방 서가 가장 높은 자리에서 나를 내려다본다. 서른두 권이 한 세트이

+ 소설 속에 등장하는 고서는 『교스즈메』(京すずめ. '말 많은 교토 사람'이라는 뜻)라는 책으로, 교토의 지리와 문화를 소개한 일종의 여행 안내서이다.

고 이가 빠진 적은 없었다. 아무리 기억을 더듬어 봐도 1, 2권만 따로 판 적도 없다. 이런 시리즈의 경우 낱권으로 만 팔 수가 없다. 언젠가 수원 남문서점 책방지기 윤한수 선생이 책방에 와서 시리즈의 이가 빠진 것을 보고 1, 2권을 구해다 주셨다. 그런데 그 책마저 어디론가 감쪽같이 사라졌다. 귀신이 곡할 노릇이다. 『도쿠가와 이에야스』 1, 2권만 모으는 귀신이라도 있나. 이렇게 이가 빠진 시리즈는 값이 헐하다. 제 값을 받으려면 어떻게든 채워 넣어야 한다.

만화책 『장길산』도 총 스무 권 가운데 후반부 열 권이 사라진 채 만화책 서가에 꽂혀 있다. 하동 평사리에 있는 하동책방에 갔다 거기서 『장길산』을 발견했지만, 거기는 딱 1권이 빠진 상태였다. 소설가 황석영 원작에 만화가 백성민 작화로 풀빛 출판사에서 1987년에 출간한 책이다. 1948년생인 백성민 작가는 2023년에도 이영도의 『눈물을 마시는 새』 20주년 일러스트 특별판의 그림을 맡는 등 여전히 현역으로 활동 중이다. 만화가 백성민, 이두호, 오세영의 옛 작품들은 어떻게든 소장하고 싶지만, 세 작가가 활발히 활동했던 1980년대에 나온 작품들은 구하기도 어렵고 찾더라도 이가 빠진 경우가

대부분이다. 이렇게 채워 넣어야 하는 책들을 기억하고 있다가 다른 책방에 갈 때면 책이 있는지 여쭙거나 서가를 뒤진다. 운이 좋아 빠진 책을 찾아내는 데 성공할 때도 있지만 가뭄에 콩 나듯일 뿐이고 헛수고인 경우가 대부분이다.

옛 시절 헌책방을 찾아다니기 시작한 이유도 이 빠진 컴퓨터 잡지를 사 모으기 위해서였다. 게임을 지독히 좋아했던 고등학교 시절, 『PC라인』이나 『마이컴』은 소중한 애장품이었다. 항상 용돈이 모자라는 처지라 신간은 괜찮은 부록이 있을 때만 샀다. 보통 과월호는 신간의 3분의 1 가격이었고, 나온 지 한참 지난 잡지들은 단돈 천 원이나 그보다 더 싼 값에도 살 수도 있었다. 주말이면 자전거를 타고 진주에 있는 헌책방을 죄 돌며 컴퓨터 잡지를 수집했다.

당시 진주에는 헌책방이 모두 8곳(현재는 4곳이 있다)이 있었고 모두 돌아다니려면 최소한 한나절은 걸렸다. 자주 들른 곳은 집에서 가까운 문화서점이었고, 책의 재미에 눈뜨게 해 준 곳은 중앙서점이었다. 중앙서점 책방지기 박상목 선생은 책방을 찾을 때마다 "게임만 하지 말고 다른 책들도 한번 읽어 보라"라는 염려의 말과 함께 늘 읽을 만한 책을 추천해 주셨다. 작고하신 뒤로 20여 년이 흘렀지만 책방에서 붓글씨를 쓰시던 모습, 다방에서 쓰는 갈색 엽차 잔에 차를 담아 건네며 천천히 찾아보라 하시던 모습이 어제처럼 선명하다.

고향에 내려와 헌책방을 열겠다 마음먹은 이유도 중앙서점에서의 따뜻한 추억 때문이다. 워낙 자주 들락거렸던 터라 두 책방에선 컴퓨터 잡지 과월호가 나오면 따로 챙겨 주시기도 했다. 덕분에 『마이컴』은 『컴퓨터학습』에서 제호를 바꾼 1990년 1월호부터 입대하던 1994년 10월호까지 완벽하게 갖춰 두었다. 『PC라인』도 마찬가지였다. 1990년 11월 창간호부터 꼬박 모았다. 그러나 불행한 사건이 있었으니, 군대에 있는 동안 시골로 이사한 부모님이 아끼던 잡지들을 불쏘시개로 써 버리신 것이다. 아궁이 곁에 널부러진 잡지들은 더는 살릴 수 없는 상태였다. 하늘이 무너져 내리는 것 같았다.

대학 시절에는 선경그룹(현재 SK그룹)에서 제작하던 『지성과 패기』라는 잡지에 꽂혔다. 두 달에 한 번씩 발간되던 이 비매품 잡지는 훌륭한 디자인에 내용도 알차 읽을 거리가 많았다. 하지만 이 잡지는 1997년 11·12월호(통권 47호)를 마지막으로 끝났다. 과월호

일곱 권을 소중하게 간직하고 있지만 더는 구하기가 힘들다. 대학생을 위한 잡지로 여태 『지성과 패기』 만한 것을 다시 만나지 못했다.

당시 인기 있던 잡지 가운데 『샘이 깊은 물』도 빼놓을 수 없다. 고 한창기 선생이 1970년대 발행했던 『뿌리 깊은 나무』의 정신을 고스란히 이어받은 잡지였다. 『샘이 깊은 물』의 표지 모델들은 언제나 수수한 아름다움으로 빛났다. 표지만 본다면 여성지인가 할 수도 있으나 펼쳐 보면 시사부터 생활, 문화까지 다양한 주제를 다룬 종합지다. 『뿌리 깊은 나무』도 『샘이 깊은 물』도 오랜 기간 빠진 이를 채워 넣는 중이다. 두 잡지 모두 값이 너무 올라 선뜻 구입할 수 없다는 게 아쉽다.

문화기획자 김선문 씨가 문화공간17717에서 『뿌리 깊은 나무』를 포함해 한국 브리태니커에서 출간한 모든 책을 모아 전시회를 연다는 소식(2016년)을 들었다. 자신의 수집품을 해석하고 가치를 찾아 다른 이들에게 보여 주는 일에는 단순히 수집을 즐기는 것과는 완전히 다른 노력과 능력이 필요하다. 그런 면에서 고 한창기 선생이 남긴 유산을 9년이란 시간 동안 집중해서 수집하고 멋진 전시를 열어 대중에게 선보인 김선문 씨는 탁월한 기획자라 할 것이다. 순천 낙안의 뿌리 깊은 나무 박물관에 가면, 벽면에 한창기 선생이 생전에 남긴 말씀이 붙어 있다. 이런 마음으로 『뿌리 깊은 나무』와 『샘이 깊은 물』을 만들었으니 어찌 소중하지 않을까.

> 세상에 서기 같은 역할을 하고 싶다. 목소리 큰 사람이야 얼마든지 많은데 작은 것을 꼼꼼히 기록하고 변함없이 사랑하는 사람은 드물다.

과월호 잡지에 빠져 있던 시기를 지나서는 SF 마니아가 되었다. 요즘은 황금가지 출판사가 SF 명작들을 주로 다루는 모양새지만 저작권에 대한 개념이 부족하던 시절에는 여러 출판사가 SF 명작을 출간했다. 1990년대 초반은 그야말로 황금기였다. 가서원, 나경문화, 현대정보문화사, 움직이는책, 자작나무, 이야기, 태백의책, 서울의창작, 청담사, 세기, 한양출판, 고려원미디어…… 지금은 대부분 사라진 출판사들이지만 SF를 내는 회사를 생각나는 곳만 꼽아도 이만큼이다. 아이작 아시모프의 대표 작품이나 『스페이스 오딧세이』 같은 소설들은 여러 출판사에서 사이좋게(?) 함께 내놓기도 했다. 명

작들은 대부분 한 권으로 끝나지 않고 시리즈로 출간되어 빠진 책이 있으면 채워 넣어야 직성이 풀렸다. 반짝 책을 내놓고 사라진 출판사의 소설들은 결국 헌책방을 돌며 수집하는 수밖에 없었다. 지금이야 온라인에 검색해서 주문하면 되지만 2000년대 초반만 해도 헌책방을 들락거려야 완벽한 짝을 맞출 수 있었다. 이 글을 쓰며 세기 출판사에서 나온 아이작 아시모프의 『미스테리 환상여행』 1권을 구할 수 있을까 검색했다. 현재 2권만 가지고 있는데 온라인 중고서점에 1권 매물이 있다. 얼마나 편리한 세상인지.

열심히 이 빠진 책을 찾다 김이 새는 경우도 있다. 초단편 소설로 유명한 호시 신이치의 '플라시보 시리즈'는 지식여행 출판사에서 2007년쯤 펴낸 책이다. 시리즈 전체는 서른세 권이다. 이웃에 있는 헌책방 동훈서점의 책방지기 정서훈 씨에게 추천받은 뒤 호시 신이치의 작품 세계에 반했다. 짧고, 기묘하고, 강한 반전이 매력이다. 시리즈 전체를 한 번에 구입하고 싶어도 책이 절판 상태라 절판 전에 많이 팔린 책들만 구할 수 있었다.

이 책을 구하고 싶다고 여러 차례 소셜 미디어에 올린 덕분일까. 『북한 여행 회화』를 쓴 김준연 작가가 자신

001 호시 신이치의 플라시보 시리즈 미래의 이솝우화
010 호시 신이치의 플라시보 시리즈 변덕쟁이 로봇
012 호시 신이치의 플라시보 시리즈 의뢰한 일
013 호시 신이치의 플라시보 시리즈 안전카드
014 호시 신이치의 플라시보 시리즈 호박마차
015 호시 신이치의 플라시보 시리즈 지구씨 안녕 호시 신이치 지음 윤성규 옮김
018 호시 신이치의 플라시보 시리즈 노크 소리가
002 호시 신이치의 플라시보 시리즈 여러 갈래 미로 호시 신이치 지음 윤성규 옮김
003 호시 신이치의 플라시보 시리즈 한밤의 숨바꼭질 호시 신이치 지음 윤성규 옮김
004 호시 신이치의 플라시보 시리즈 우주의 인사
지식여행

033
호시 신이치의 플라시보 시리즈
민감한 동물
호시 신이치 지음 | 윤성규 옮김
지식여행
007
어떤 이의 악몽
008
흰 옷의 남자
호시 신이치 지음 | 윤성규 옮김
009
왕자가 되지 못한 왕자
023
마이국가
025
앞으로 일어날 일
호시 신이치 지음 | 윤성규 옮김
027
참견쟁이 신들
호시 신이치 지음 | 윤성규 옮김
028
도련님과 악몽
029
희망의 결말
호시 신이치 지음 | 윤성규 옮김
030
악마가 있는 천국
호시 신이치 지음 | 윤성규 옮김
031
최후의 지구인

이 소장하고 있던 '플라시보 시리즈'를 책방에 들러 선물로 주고 가기도 했다. 몇 권은 고속도로 휴게소의 책 코너에서 반값에 구입하기도 했다. 출판사에서 대체 이 책들을 어떻게 취급했던 것인지…… 하여간 서른세 권 중 지금까지 모은 책은 모두 스물세 권, 아직 열 권은 못 찾았다. 처음 나왔을 때 만났더라면 좋았을 것을. 그런데 2023년 하빌리스 출판사에서 '쇼트-쇼트 시리즈'로 호시 신이치의 작품을 복간해 그해 12월까지 다섯 권이 나왔다. '쇼트-쇼트 시리즈'로 옮겨갈 것인가, '플라시보 시리즈'에 남을 것인가 고민이 됐다. 언젠가 '플라시보 시리즈'를 전부 모아 뿌듯한 마음으로 바라보는 모습을 상상하는 한편으로 '쇼트-쇼트 시리즈'도 소장하고 싶은 마음이 굴뚝이다. 이러니 책을 줄이려는 계획은 매번 실패로 끝난다.

출판사가 내놓은 책 목록과 실제 출간된 책의 수가 다른 경우도 있다. 고려원에서 나온 '오에 겐자부로 소설문학 전집'은 1권 『죽은 자의 사치』부터 24권 『오에 겐자부로론』까지 전 24권으로 계획되었지만 출판사 사정으로 열세 권만 나오고 결국 마무리되지 못했다.

처음 이 책들을 모을 때는 1권부터 차례대로 구입

하면 되겠다 생각했지만 1~5권을 도무지 찾을 수가 없었다. 시리즈로 나오는 책들 대부분 1권을 가장 쉽게 구할 수 있다는 걸 생각하면 이해하기 어려웠다. 나중에야 이 전집을 펴내는 동안 출판사가 문을 닫았고, 결국 원래 계획과 상관없이 6, 8, 11, 12, 14, 15, 16, 17, 19, 20, 21, 22, 23권만 출간되었다는 사실을 알았다. 한창 이 전집이 나오던 때는 1997년 무렵. 외환위기를 이기지 못하고 고려원은 부도가 났다. 1990년대 후반 그가 노벨 문학상을 받았다고 해도 스물네 권이나 되는 일본 작가의 전집을 제대로 펴내겠다는 계획은 출판사로선 엄청난 위험을 감수해야 하는 일이었을 것이다. 출간되지 못한 책들도 분명 번역이 진행 중이었을 텐데, 출판사가 문을 닫아 완간을 보지 못하게 되었을 때 작가와 번역가의 심정이 어땠을지 상상하기 어렵다.

지금까지 출간된 열세 권 중 6권 『개인적 체험』만 빼곤 모두 모았다. 이 책만 구하면 오에 겐자부로의 진실한 팬으로 인정받을 수 있을 것만 같다. 오에 겐자부로 선생은 이 전집에 실린 '한국어판에 부쳐'라는 글에서 한국인 친구들과의 소년 시절 추억을 이야기한다.

오에 겐자부로 소설문학 전집 ⑮
M/T와 숲의 이상한 이야기
Oe Kenzaburo
고려원
오에 겐자부로 소설문학 전집 ⑭
하마에게 물리다
Oe Kenzaburo
고려원
오에 겐자부로 소설문학 전집 ⑫
레인트리를 듣는 여인들
Oe Kenzaburo
고려원
오에 겐자부로 소설문학 전집 ⑪
동시대 게임
Oe Kenzaburo
고려원
오에 겐자부로 소설문학 전집 ⑩
핀치러너 조서
Oe Kenzaburo
고려원
오에 겐자부로 소설문학 전집 ⑧
우리들의 광기를 참고 견딜 길을 가르쳐 달라
Oe Kenzaburo
고려원

오에 겐자부로 소설문학 전집 ⑰
Oe Kenzaburo
고려원
오에 겐자부로 소설문학 전집 ⑲
조용한 생활
Oe Kenzaburo
고려원
오에 겐자부로 소설문학 전집 ⑳
치료탑·치료탑 혹성
Oe Kenzaburo
고려원
구세주의 수난
Oe Kenzaburo
고려원
오에 겐자부로 소설문학 전집 ㉒
흔들림
Oe Kenzaburo
고려원
오에 겐자부로 소설문학 전집 ㉓
위대한 세월
Oe Kenzaburo
고려원

> 제 작품이 한국 독자에게 소개된다고 하니 저에게 긴장에 찬 기쁨을 안겨 주는 일입니다. 저는 소년 시절부터 — 그것은 저희 일본이 조선반도를 침략했던 시기였습니다. — 훌륭한 한국인 친구들에 둘러싸여 있었습니다. 그 소년이 일본의 시코쿠 산촌으로 옮겨왔던 것은 무엇보다 그의 의지에 따른 것이 아니고, 또한 양친의 의지에 의한 것도 아니었지요. 그리고 나서 저는 종종 이 친구가 저를 향해 결코 입 밖으로 내지 않았던 말을 상상했었습니다. 그것은 괴로운 상상이었지만, 이제껏 살아온 인생의 나날 속에서 그 한국인 소년은 내게 경애심을 가르쳐 주었습니다.

스물네 권 모두 완간되었다면 가장 먼저 보여 주고 싶었던 이는 선생이 어린 시절 시코쿠 산골에서 만난 이 한국인 소년이 아니었을지 상상해 본다.

3

책갈피 수집하는 재미

어떤 때는 눌러 말린 꽃으로 만든 책갈피가 끼워져 있는 책을 발견하기도 했다. 나는 오래전에 이미 희미해진 그 꽃 냄새를 맡으며 이것은 도대체 어떤 사람이 어떤 생각으로 여기에 끼워놓았을까, 하고 상념에 빠졌다.

— 야기사와 사토시, 『모리사키 서점의 나날들』(서혜영 옮김, 블루엘리펀트, 2013)

낡은 책을 펼쳤을 때 책갈피 같은 옛 세월의 흔적을 마주할 때면 표현하기 어려운 복잡하고 묘한 감정이 일곤 한다. 그 감정에 맛이 있다면 쓴맛 깔린 단맛이랄까. 그 맛을 음미하며 책갈피가 떨어져 나온 쪽을 살핀다. 책갈피

보다 더 중요한 무언가가 거기 갈피에 담겨 있지 않을까 하고. 책갈피는 책을 어디까지 읽었는지, 어디부터 다시 읽기 시작해야 하는지 알려 주는 작고 소중한 이정표다. 책을 다 읽어 그 역할이 끝나도 책갈피는 책 속에 그대로 남는 경우가 많다. 각각의 존재로 만났으나 결국 하나가 되는 것이 책과 책갈피의 관계가 아닐까 싶다. '책, 갈피'에 남은 물건들 대부분 책갈피로 쓰였겠지만, 이 글은 책갈피로 만들어진 '책갈피'에 대한 이야기다.

언제부터 책갈피를 모으기 시작했는지는 정확히 기억나지 않는다. 헌책방을 무시로 다니던 고등학교 시절부터가 아닐까 싶은데, 당시엔 수집했다기보다 버리지 않고 모으는 수준이었다. 서랍 속에 하나둘 모아 두던 습관이 자연스레 지금까지 이어져 왔다. 이제는 '고려은단 비타민C 1000' 양철 상자에 한가득 들어 있다. 이 글을 쓰기 위해 처음으로 숫자를 헤아려 보니 400개쯤 되는 듯하다. 분명 이보다 더 많은 책갈피를 가진 독서가나 수집가가 있겠으나, 이 정도면 '나 이만큼 모았어'라고 자랑할 정도는 되리라.

언젠가 기회가 된다면 모았던 책갈피 가운데 기록할 만한 가치가 있거나 독자들에게 보여 주고 싶은 것을

가려 뽑아 '책갈피 도감'을 엮어 보고 싶다. 책갈피에 무슨 이야깃거리가 있느냐고? 아무리 하찮은 물건이라도 사람의 손을 거치는 순간 이야기를 품는 법이다. 낡고 오래된 책갈피는 그 시절의 책 문화와 서점의 존재를 알려주는 작은 증표다.

오래된 책갈피를 발견하면 가장 먼저 어느 서점에서 만든 것인지 확인한다. 책갈피에 적힌 상호를 통과의례처럼 인터넷으로 검색해 보지만 옛 책갈피 속 서점들은 대부분 사라진 지 오래다. 열에 일고여덟은 아무런 기록도 찾지 못한다. 구미역 앞에 있던 영창서림도, 부산대학교 신정문 옆에 있던 나라사랑도, 서강대 옆 글방 서강인도, 창원 구암중학교 앞에 있던 구암서림도 문을 닫았다. 큰고모가 오랫동안 운영하셨던 창원 명서동 시민서점도 흔적 하나 남기지 못하고 사라졌다. 2023년 기준 영업 중인 서점은 모두 2,484곳으로, 서점 수가 가장 많았던 1996년 5,378곳과 비교하면 절반 넘게 줄었다. 낡은 책갈피에 적힌 상호가 운영 중인 서점으로 확인되면 가슴을 쓸어내린다. 신탄진 하나은행 앞 새일서적, 속초 교동 문우당은 여전히 많은 사랑을 받는다. 언젠가 기회가 되면 세월을 잘 견딘 서점들에 책갈피를 들고 찾아가, 책방지기께 언제 만든 것인지 여쭙고 그 시절 이야기를 듣고 싶다.

책갈피를 만든 건 서점만이 아니다. 출판사도 신간이 나오면 으레 책갈피를 제작해 독자들에게 나누어 주었다. 민음사의 세계시인선이 처음 출간된 것은 1973년이다. 『당시선』으로 시작한 세계시인선은 1976년 70번째 『로제띠 남매 시선』을 펴냈다. 원문이 함께 실린 세계시인선은 당시 엄청난 인기를 끌었다. '젊은 날의 영혼을 부르는 세계시인선' 책갈피는 1권부터 70권까지 출간된 모든 시집 목록을 싣고 있다. 출판사 이름도 빼고, 제목과 '각권 350원'이라는 가장 중요한(?) 정보만 담았다. 1973년 첫 시집이 나올 당시만 해도 300원이었으나 3년 사이 책값이 50원이 올랐다. 이 책갈피 하나면 1970년 중반 출간된 시집 가격과 물가상승률도 알 수 있는 것이다.

'오늘의 시인 총서' 책갈피도 있다. 김수영 시인의 『거대한 뿌리』부터 김영태 시인의 『북호텔』까지 열여섯 권의 목록이 실려 있고, 뒷면에는 『현대사회과학방법론』부터 『사회과학의 철학』까지 일곱 권의 '사회과학총서' 시리즈를 소개하고 있다. 책값으로 유추하건대

1970년대 후반이나 1980년대 초반에 제작한 책갈피인 듯하다. 이 책갈피 역시 '민음사'라는 정보는 쏙 빼놨다. 굳이 출판사를 밝히지 않아도 독자들은 다 알겠거니 하는 자신감이 엿보이기도 하고, 그 무렵에는 민음사 스스로 정한 책갈피 형식이 확고했나 싶기도 하다. 꼼꼼한 사람들의 집합소나 다름없는 출판사에서 책갈피에 회사 이름을 빼는 실수가 계속될 리는 없다.

얼마 전에는 책을 정리하다 『2007 현대문학상 수상소설집』에서 영화 『오만과 편견』 책갈피를 발견했다. 『오만과 편견』은 국내에 2006년 개봉했다. 책갈피에 보니 '3월 10일 대개봉'이라고 적혀 있다. 이 영화가 개봉될 때쯤 만든 귀한 책갈피인 것이다. 이때쯤 발빠르게 커렌 조이 파울러의 『제인 오스틴 북클럽』을 출간했던 민음사가 영화사와 함께 '책갈피 광고'를 한 것이 아닐까 짐작해 본다.

지금은 책을 펴내지 않는 출판사의 책갈피도 있다. '팬더 추리걸작 시리즈'로 유명했던 해문 출판사와 김용의 무협소설뿐만 아니라 당시 가장 많은 베스트셀러를 내며 이름을 날린 고려원은 한 시절을 풍미했으나, 이제는 이 출판사들의 이름이 붙은 신간은 나오지 않는다.

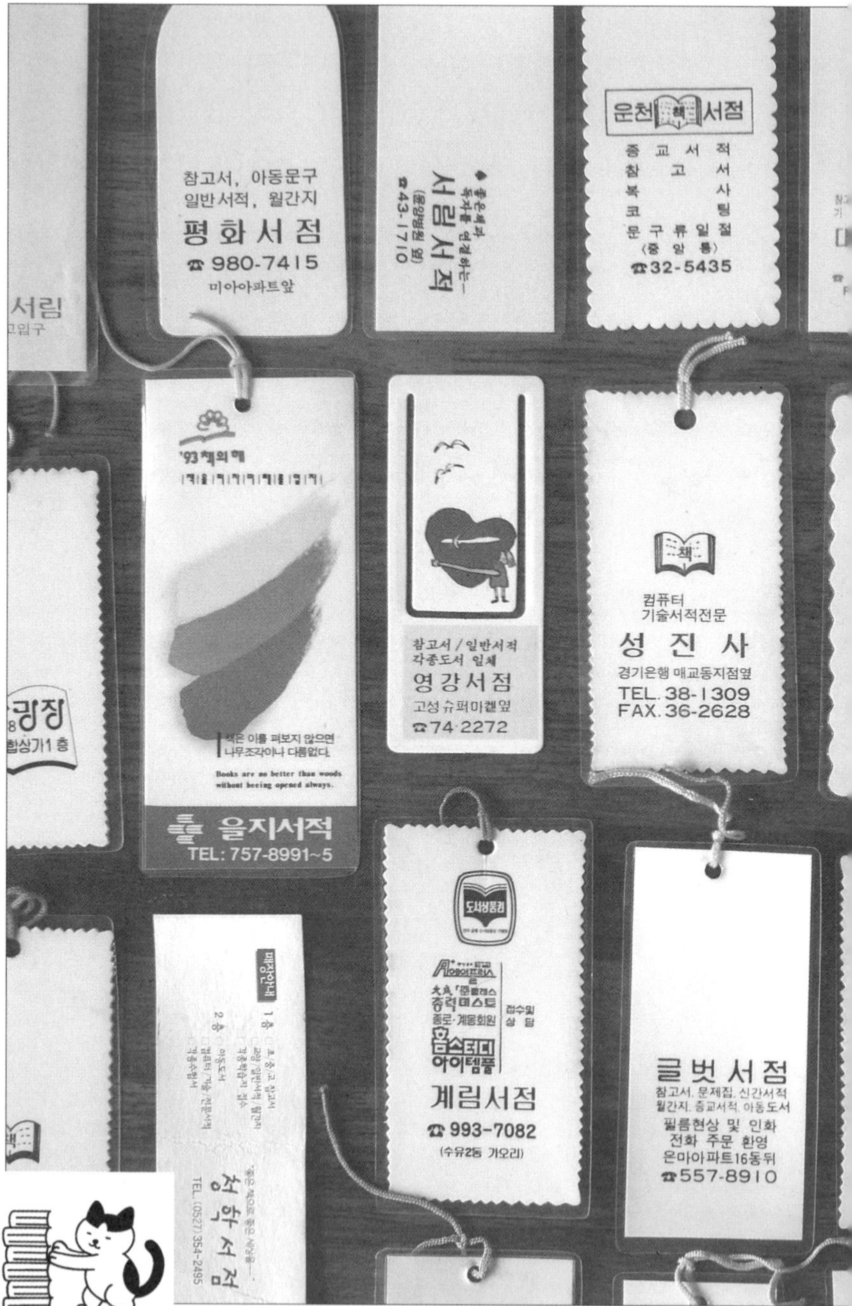
참고서, 아동문구
일반서적, 월간지
평화서점
☎ 980-7415
미아아파트앞
◆좋은책과 독자를 연결하는—
서림서적
(문영병원 옆)
☎43-1710
운천 책 서점
종교서적
참고서
복사
코팅
문구류일절
(중앙통)
☎32-5435
서림
'93 책의 해
책은 이를 펴보지 않으면 나무조각이나 다름없다.
Books are no better than woods without beeing opened always.
을지서적
TEL: 757-8991~5
참고서 / 일반서적
각종도서 일체
영강서점
고성슈퍼미켓옆
☎74-2272
책
컴퓨터
기술서적전문
성진사
경기은행 매교동지점옆
TEL. 38-1309
FAX. 36-2628
매장안내
도서상품권
계림서점
☎ 993-7082
(수유2동 가오리)
글벗서점
참고서, 문제집, 신간서적
월간지, 종교서적, 아동도서
필름현상 및 인화
전화 주문 환영
온마아파트16동뒤
☎557-8910
TEL. (0527) 354-2495

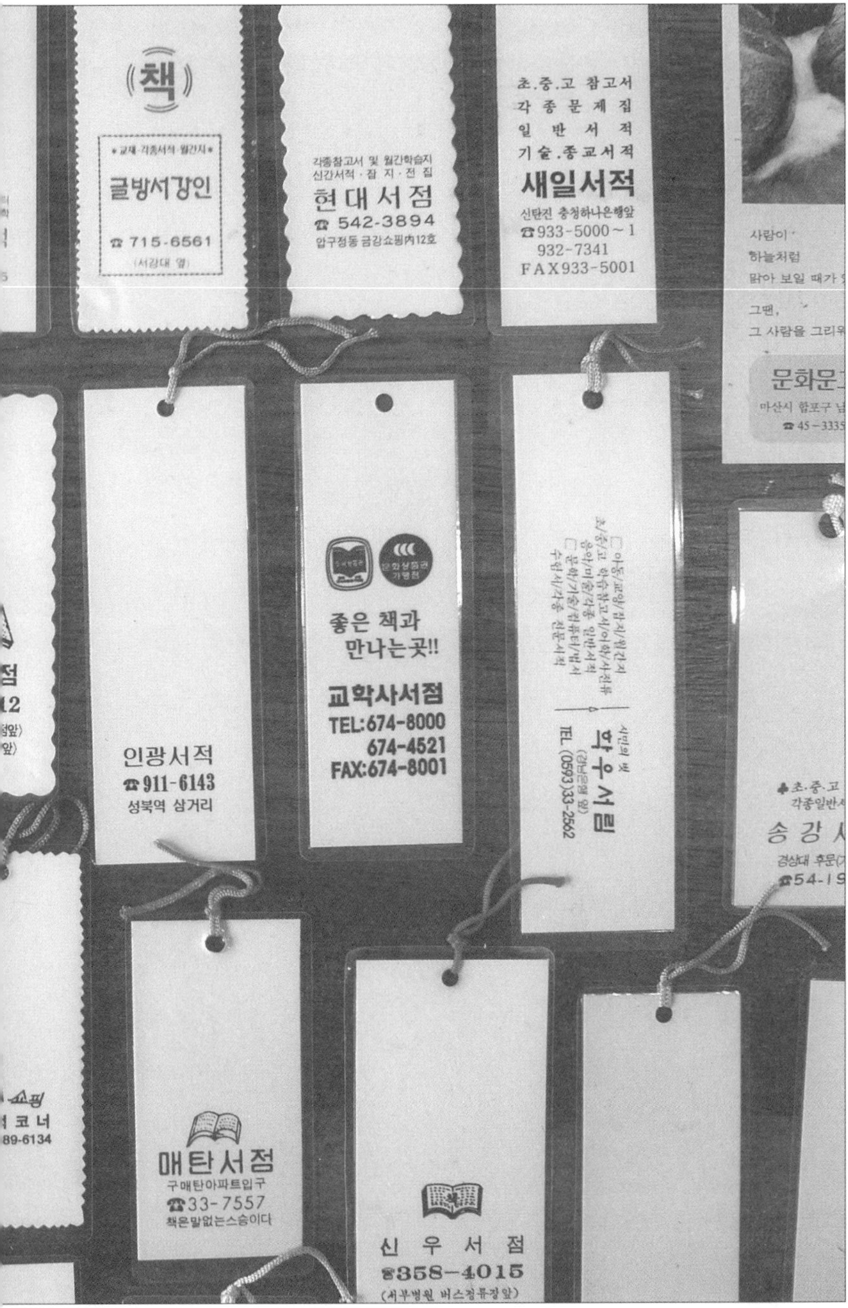
책
교재·각종서적·월간지
글방서강인
☎ 715-6561
(서강대 앞)
각종참고서 및 월간학습지
신간서적·잡지·전집
현대서점
☎ 542-3894
압구정동 금강쇼핑内12호
초.중.고 참고서
각종문제집
일반서적
기술.종교서적
새일서적
신탄진 충청하나은행앞
☎933-5000~1
932-7341
FAX933-5001
사람이
하늘처럼
그땐,
인광서적
☎911-6143
성북역 삼거리
문화상품권 가맹점
좋은 책과
만나는곳!!
교학사서점
TEL:674-8000
674-4521
FAX:674-8001
TEL.(0593)33-2562
매탄서점
구매탄아파트입구
☎33-7557
책은말없는스승이다
신우서점
☎358-4015
(서부병원 버스정류장앞)
각종일반서
경상대 후문

책과 전혀 관련이 없는 책갈피도 있다. 가수 조용필 씨의 초상과 이현우 씨의 사진이 든 책갈피는 왜, 누가 만들었는지 전혀 알 길이 없다. 앨범이나 콘서트, 혹은 잡지 부록으로 만들었던 것일까? 금강제화는 1990년 '사랑의 책 페스티발'을 열며 책갈피를 제작했다. 프로스펙스는 청소년용 운동화 '프로스펙스 주니어'를 내놓으며 구매자에게 책갈피를 선물했다. 네덜란드 항공 KLM이 고객에게 선물로 준 책갈피(디자인이 아주 예쁘다)도 있다. 교토의 한 헌책방에 들렀다 구입한 삼각형 봉투에 든 운젠 국립공원 기념 책갈피는 디자인이나 인쇄 상태를 보면 1960~1970년대 만들어진 듯한데 5장이 한 세트다. 사진가 유근종 선배가 러시아에 다녀와 선물로 건넨 책갈피는 시베리아의 자작나무 껍질로 만들었고 호랑이가 새겨져 있다.

책갈피 이야기를 하자면 '미소녀 책갈피'를 빼놓을 수 없다. 누가 그렸고 누가 모델인지 알 수 없던 이 미소녀들은 책갈피뿐만 아니라 1990년대 초 노트, 책받침 등 문구류에 널리 쓰였다. 당시 중고등학교를 다닌 독자라면 대부분 이 소녀들을 본 적이 있을 것이다. 이 소녀들의 정체는 헌책방에서 어느 화집을 발견한 뒤 알았다. 오

타 게이분おおた慶文은 인테리어 회사를 다니며 홀로 그림을 공부해 자신만의 스타일로 미소녀를 그렸다. 꼭 판타지 속 인물 같지만, 그의 작품에는 실제 모델이 존재했다. 그는 오가와 노리코小川範子, 고토 구미코後藤久美子 등 당시 인기 있던 아역 배우와 아이돌 가수의 사진을 보고 자신만의 그림체로 캐릭터를 완성했다. 1951년생인 그는 1980년대 후반부터 1990년대 초반까지 많은 작품을 발표하고 화집을 펴냈다. 그의 화집 가운데 특히 1986년 출간된 『바람에 살랑이는 너의 머릿결』おくれ毛は風のかたち에 나온 그림들이 국내에서 주로 쓰였던 것 같다.

그림도 책갈피의 중요한 구성 요소지만 책갈피는 전통적으로 시와 명언의 향연장이었다. 그중에서도 시인 윤동주, 유안진, 서정윤, 김남조, 칼릴 지브란은 이 향연장에 단골로 불려 나왔다. 책갈피에는 독자들이 가장 좋아하고 인기 있는 시를 싣기 마련이었는데, 주로 사랑과 우정에 관한 구절이었다.

> 뭇사람의 조언에 따라 집을 세우면 완성된 집은 대개가 기우뚱하다.
>
> — 덴마크 속담(낙민서점)

Love is···
···a patchwork of comotions.
지란 지교를 꿈꾸며...

해바라기 사랑
세상은 한 사람이 사는 것이 아닌데
사랑은 한 사람만을 위하는 것은
아니라는데……
지란 지교를 꿈꾸며
• 유안진 •

독서란 자신의 머리로 생각하는 게 아니라 타인의 머리로 생각하는 것이다.

— 쇼펜하우어(매탄서점)

질투는 인류 역사만큼 오래된 것이다. 아담이 한 번 늦게 돌아왔을 때 이브는 늑골을 세기 시작했다.

— 프란들(영광도서)

사랑은 마른 나무에 꽃을 피우는 일.

— 작자 미상(신우서점)

이런 문장들은 서점에서 고른 것일까 아니면 책갈피를 제작하는 업체에서 자유롭게 선정한 것일까? 서점마다 디자인이 거의 겹치지 않고 다른 것을 보면, 제작업체에 엄청나게 많은 샘플이 있었던 것만은 분명한 듯하다. 같은 서점에서 만든 것이라도 시기에 따라 모양이 가지각색이다. 디자인을 구경하는 재미도 있지만, 글귀도 차분히 읽어 본다. 책갈피의 명언을 새기는 것만으로 인생의 깨달음을 다 얻고도 남을 만하다.

가진 책갈피 중 가장 소중한 것을 고르라고 한다면

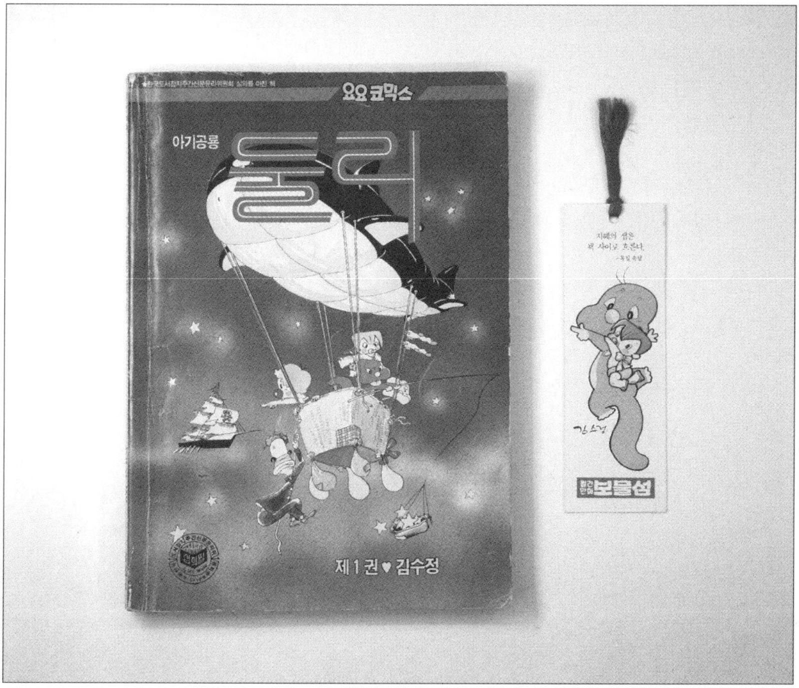

단연 '아기공룡 둘리' 책갈피다. 만화가 김수정 선생이 1983년부터 1993년까지 만화잡지 『보물섬』에 연재한 『아기공룡 둘리』는 나중에 애니메이션으로 제작되고 단행본으로도 묶여 나왔다. 요요코믹스에서 1986년부터 총 7권짜리 시리즈로 발간했다. 정확하진 않지만 1989년쯤 표지가 바뀌어서, 책방에 아이들이 놀러 올 때면 『아기공룡 둘리』 초판본과 『보물섬』 부록으로 만든 책갈

피를 자랑하곤 한다. "둘리를 그린 만화가 김수정 선생님의 고향이 진주예요."라고 알려 주면서 말이다. 둘리의 고향은 서울 쌍문동이지만 김수정 선생이 어린 시절 살았던 주소는 진주시 대안동 634번지(현재 진주 중앙시장 근처)이다. 청년 시절 만화를 그리기 위해 진주를 떠나 서울로 올라갔다. 쌍문동은 청년 김수정이 서울로 올라가서 처음 정착했던 곳이다.

마지막으로 필통 속에 항상 넣어 다니며 사용하는 책갈피는 남해로 내려온 청년 디자이너들이 운영하는 업사이클링 잡화점 키토부에서 구입했다. 버려진 비닐과 그물로 만든 것이다. 남해에 놀러 갔을 때 소개 받아 여러 개 구입해 몇 년째 잘 사용하고 있다. 키토부는 아프리카 스와힐리어로 '배꼽'을 뜻한다고. 키토부에 들렀을 때, 청년들이 자신이 좋아하는 일을 하며 시골에서 버틸 수 있을지 걱정이 되었다. 걱정은 현실이 되었고, 아쉽지만 이젠 키토부의 책갈피는 구할 수 없다. 그래서 이 책갈피가 더 소중하다.

4

사인본 수집하는 재미

손님: 조만간 세상을 떠날 것 같은 작가가 있나요?
투자를 좀 하고 싶은데.

— 젠 캠벨, 『진짜 그런 책은 없는데요』(노지양 옮김, 현암사, 2019)

믿거나 말거나 책방을 처음 열었을 때 2024년 노벨문학상을 수상한 한강 작가의 사인이 든 책들이 여러 권 있었다. 한 손님이 소설책 서가를 샅샅이 뒤져 사인이 있는 모든 책을 구입해 갔다. 10년이 훌쩍 넘은 이야기다. 한강 작가가 노벨문학상을 받았다는 뉴스가 나오던 날, 그

때 생각이 났다. 도서관에서 헌책이라도 좋으니 책이 있으면 보내 달라고 연락을 해 올 정도로 한강 작가의 책을 한동안 구경할 수도 없던 때였다. 만약 그 사인본이 책방에 그대로 있었다면 책방을 알릴 절호의 기회로 삼을 수도 있었을 텐데. 운도 지지리 없지. 한강 작가의 사인본을 사 간 손님은 잘 보관하고 계신지 모르겠다.

헌책방에 손님으로 다니던 시절에는 사인본에 대한 집착을 버릴 수가 없었다. 작가가 직접 펜을 들어 자신의 이름을 남긴 책이니 가치가 다르다. 사인이 없는 책보다 값도 비싼 게 당연했다. 작가의 사인이 든 책을 발견하고 계산할 때는 가능한 한 평정심을 유지하며 사인이 들어 있지 않은 척 태연하게 계산대에 책을 올려놓았다. 만약 사인본이라는 사실을 알면 책방지기가 값을 더 받을 테니까. 일부러 여러 권을 골라 사이에 끼워 넣거나 다른 손님이 계산 중이거나 바쁠 때 책을 내밀곤 했다. 고백하니 부끄럽지만, 사인본을 값싸게 구입하려면 어쩔 수 없었다. 이런저런 손님과 부대끼며 산전수전 다 겪은 책방지기들은 쓱 훑어만 봐도 책들 중에 사인본이 있을지 없을지 알아냈다. 들춰보지도 않고 "이건 작가가 사인한 책인데 그냥 싸게 드릴게요." 하고 미리 선수를 치는 경

우도 있었다.

사인본이 마냥 귀한 대접을 받는 건 아니다. 책방에 들어오는 책 중에 면지나 표제지가 찢어져 있는 경우는 거기에 작가의 사인이나 헌사가 있었을 가능성이 높다. 그런 일을 여러 번 겪은 후 깨달은 사실이다. 책을 매입하러 가서 왜 책이 훼손되어 있는지 물어보면 열이면 아홉은 선물 받은 책인데 헌책방에 그냥 보낼 수 없어 그 부분만 찢었다는 이야기를 듣는다. 가위나 칼로 깔끔하게 도려냈다면 그나마 나았을 텐데. 특히 책을 선물 받을 일이 많은 교수, 기자, 작가의 서재를 정리할 때 이런 책이 나올 가능성이 크다. 배우 최민식과 전도연이 주연을 맡았던 영화 『해피엔드』에 나온 헌책방 주인(주현 분)의 대사가 생각난다. "소설가란 자식이 책이나 팔고 말이야." 책을 건넨 사람의 이름이 적힌 책을 함부로 내놓을 수 없으니, 책장을 찢을 도리밖에 없는 것이다.

책방을 하며 책을 몇 권 썼고, 내 사인이 적힌 책이 책방으로 들어오는 경우도 보았다. 그러면서 사인본에 대한 욕심을 자연스럽게 내려놓았다(내 사인본을 도로 책방에 가져온 친구와는 지금도 가깝게 지낸다). 책방을 운영하며 책 욕심을 버린 뒤부터 책이 그리 필요하지 않겠다 싶은 이에게는 사인본을 선물로 보내지도 않고, 가능하면 받지도 않는다. 혹 책을 낸 지인에게 연락이 오면 사서 읽겠으니 굳이 보낼 필요 없다고 말한다. 사인을 꼭 해야 할 때에는 앞면지 귀퉁이에다 조그맣게 책그림을 그리고 이름을 쓰는 걸로 끝낸다. 『오래된 새 책』의 저자 박균호도 나와 같은 마음인 듯하다.

> 자필 서명본을 가급적 남발하지 않는 것이 좋다는 생각을 해본다. 내 서재에 있는 많은 저자 서명본 중에는 그 책을 쓰면서 신세를 지고, 평소 소중하다고 생각했던 사람에게 보내는 정성 어린 메시지가 곁들여진 자필 서명본이 '무참히' 헌책방을 거쳐서 정작 저자와 일면식도 없는 내 손아귀에 들어오는 경우도 있다.
>
> —박균호, 『오래된 새책』(바이북스, 2011)

찢어진 책들을 보며 책을 제작할 때 아예 처음부터 사인할 부분을 미리 정해놓고 승차권이나 티켓처럼 깔끔하게 뜯어 낼 수 있도록 만들면 어떨까 생각한 적도 있다. 이는 어디까지나 책방을 운영하며 겪는 특수한 경험이고, 사인본 수집은 모든 장서가에게 무한한 재미를 주

는 일이다. 아끼는 사인본을 소개하자면 그림책 작가 김성라의 『돼지씨의 옷장』이 있다. 제주 이후북스에서 김성라 작가를 만났을 때 색칠 놀이를 할 수 있는 귀여운 그림책을 구입했는데 나를 쓱 살펴보더니 콧수염 난 안경 쓴 돼지를 뒤표지에 그려 주었다.

독립출판물인 이 책은 온라인 서점에선 팔지 않고 몇몇 동네책방에서만 구할 수 있는 듯하다. 만약 이 책을 동네책방에서 구입하고 김성라 작가를 만난다면 귀여운 돼지 초상화 사인을 받을 수도 있을 것이다. 사실 그림은 귀엽지만 이 책의 주제는 무겁다. 김성라 작가의 『돼지씨의 옷장』이나 『돼지섬』은 구제역으로 돼지들이 살아 있는 채 매장당하는 걸 보고 지은 작품이다. 김성라 작가는 "우리와 돼지가 뭐가 다른가"라고 이 책을 통해 묻는다. 인간의 잣대로만 생명의 가치를 잴 순 없는 법이다. 생명은 모두 소중하다는 것을 독자에게 알리고 싶었기에 이 책을 지은 것이리라.

> 사인북, 증정본의 헌정의 말 페이지, 그리고 당연히 편지(점점 더 많아지는 편지) 등은 그 세기가 흘러갈수록 점점 인기를 얻었다. 이것들은 광범하게 퍼진 쓰기의

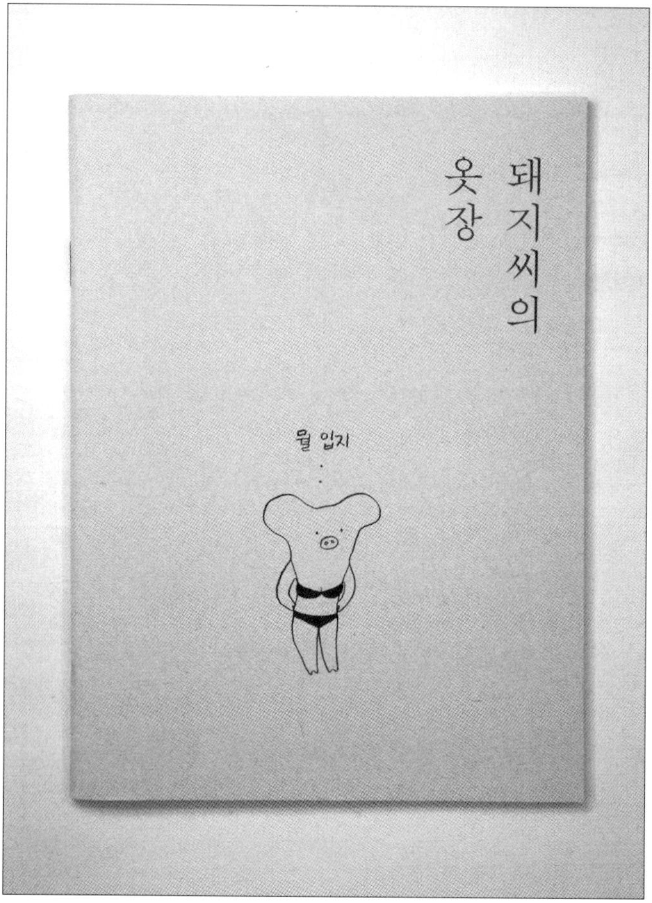
돼지씨의
옷장
뭘 입지

조경국님께
2018.11.04

기계화 속에서 손 글씨의 이미지를 보존하려는 다양한 방식들이었다.

— 앤드루 파이퍼, 『그곳에 책이 있었다』(김채원 옮김, 책읽는수요일, 2014)

사인의 주인공이 유명할수록, 사인 외에 다른 편지나 메모가 함께 발견될수록 그 책의 가치는 올라갈 수밖에 없다. 손이 아닌 기계로 글을 쓰는 시대에 누가 보아도 멋진 글씨로 서명을 남겼다면 그 책의 쓰임이 다했더라도 누군가 탐낼 만한 물건이 된다. 패션디자이너 앙드레 김(1935~2010)이 붓펜으로 멋들어지게 사인한 2009년 캘린더북이 딱 그렇다. 해가 지난 캘린더북은 쓸 데가 없지만 이 사인 때문에 정리할 수 없었다. 이 캘린더북을 발간한 곳은 유니세프다. 어린이와 여성을 돕기 위해 설립된 단체가 만든 책이라 그런지 어린이와 가족이 주인공인 유명 화가들의 그림을 삽화로 썼다. 만듦새가 좋은 화집으로 오해할 정도다.

내가 소장한 것은 2005년부터 2009년까지 나온 캘린더북인데, 몇 부나 제작되었는지는 알 수 없다. 유럽(2007년은 레바논)에서 제작했고, 국내 후원자나 친선

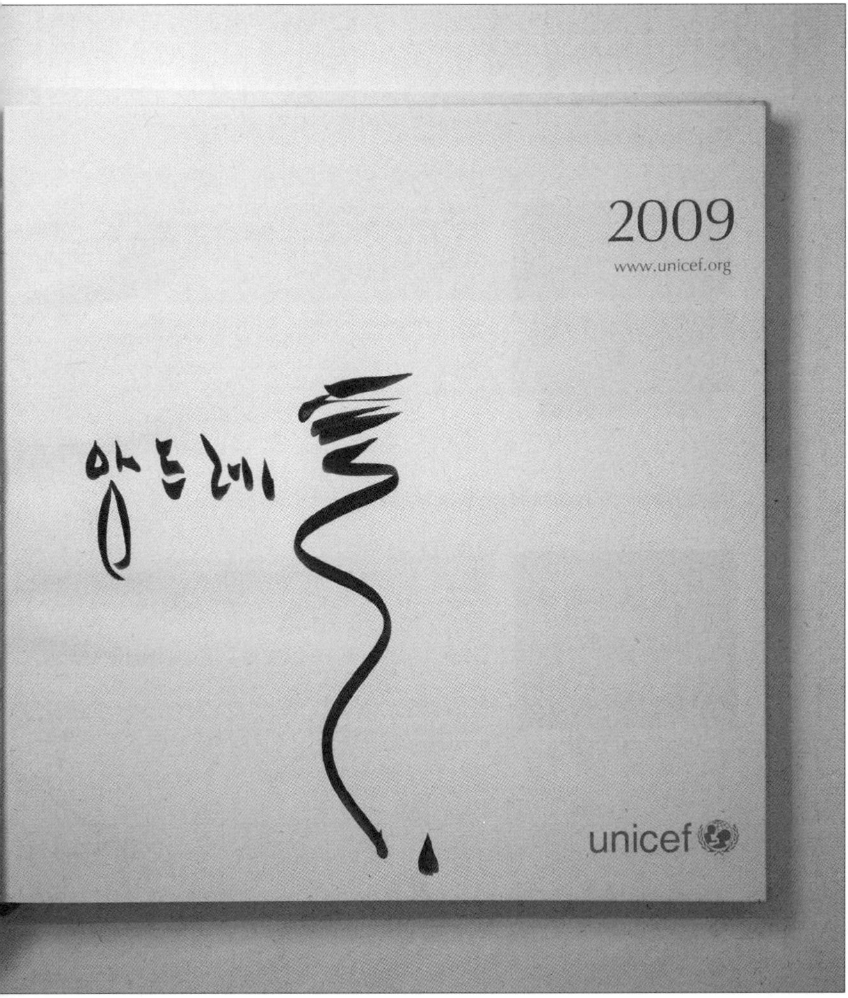
2009
www.unicef.org
unicef

대사 등 유니세프 관계자들에게 선물하는 용도였던 것으로 보인다. 유니세프 친선대사로 여러 활동을 했던 앙드레 김이니, 이 캘린더북에 사인이 남아 있는 건 자연스러운 일이다. 장서인을 대신하는 사인으로 보기엔 너무 크고, 받는 이의 이름도 날짜도 없으니 누군가에게 주었다기보다 본인 소유의 물건 같지만 확실한 건 알 수 없다.

세상을 떠나기 한 해 전 사인본이라 더 각별하다. 평생 결혼하지 않고 아들을 입양해 키웠던 그는 엄마와 아이들이 행복하게 노는 그림들을 어떤 감정으로 넘겨봤을까? 이 캘린더북 8월 첫째 주 페이지에는 빈센트 반 고흐가 생애 마지막 해(1890년)에 밀레의 그림을 모작한 『첫걸음』First Steps+이 수록돼 있다. 엄마의 품에 안겨 있던 아이가 일을 마치고 돌아온 아버지를 보고 반갑게 첫걸음을 떼는 그림이다. 내가 그였다면 다른 어떤 작품보다 이 그림에 눈길을 보냈을 듯싶다.

만나고 싶은 작가를 직접 찾아갈 수 없어 친구에게 사인을 받아 달라 부탁했던 적도 있다. 2015년 일본 책방 여행 때 구라시키 시를 지났음에도 벌레책방(무시분코)가 거기 있는 줄 몰랐다. 2021년 국내에 번역 출간된

\+ 책의 작품 설명에는 'Firts Steps, after Millet, 1890'라 적혀 있다. 'First'의 오자.

『나의 작은 헌책방』을 읽고서야 벌레책방의 존재를 알았다. 그 지역에 여행을 간다는 친구에게 혹 벌레책방에 갈 수 있다면 책방지기(다나카 미호)에게 진주에서 헌책방 하는 독자의 인사를 전해 달라고 부탁했다. 구라시키 시 근처에 간다는 친구가 있을 때마다 이야기를 꺼냈더니 두 사람이나 책방지기의 사인이 담긴 책방 개점 30주년 기념 엽서를 가져다주었다.

『나의 작은 헌책방』의 부제는 '내가 정말 하고 싶은 일을 하는 삶에 관하여'인데, 다나카 미호 씨는 그걸 21세에 실행에 옮겨 올해로 31년째 잘 버텨 오고 있으니 대단하다고 할 수밖에 없다. 나는 마흔이 되어서야 무얼 하고 싶은지 조금이나마 깨달은 터라 다나카 미호 씨처럼 좀 더 이른 나이에 알았다면 얼마나 좋았을까 종종 생각하곤 한다. 하지만 모든 일에는 때와 운이 필요하다. 하고 싶은 일이 세상 사람들이 생각하는 평범한 삶에서 벗어나 있다면 그만큼 실패할 확률도 높고 나중에 후회할 가능성도 크니, 실패와 후회를 덤덤하게 받아들일 수 있는 맷집도 필요하다. 자신이 무엇을 좋아하는지 생각해 보지도 않고 살아가는 사람들도 많으니, 너무 늦었다 오래 자책할 필요는 없으리라. 그래도 이르게 길을 찾은 다나카 미호 씨에 대한 약간의 부러움과 함께 그의 사인이 든 엽서를 책과 함께 소중하게 보관하고 있다.

책방지기의 사인이 든 책 한 권을 더 소개해야겠다. 은종복 선생이 쓴 『풀무질, 세상을 벼리다』이다. 지하철 4호선 종점 당고개 근처에 살던 시절, 퇴근할 때나 주말에 종종 풀무질에 들러 책을 사곤 했다. 2010년 서울을 떠나 고향으로 내려오기 전에 들러 인사드리고 사인을 받았다. 그때 고향에서 헌책방을 열려고 한다니까 "힘든 일을 어떻게 하려고" 하며 걱정해 주시던 모습이 선하다.

> 조경국 님, 함께 해서 고마워요. 풀무질 일꾼 은종복.
>
> 2010. 4. 1.

성균관대학교 앞에 있던 풀무질은 20대 청년 세 명(전범선, 고한준, 장경수)이 2019년부터 이어 받아 용산 해방촌으로 이사했고, 선생은 제주 풀무질을 열었다.

『풀무질, 세상을 벼리다』를 보며 아무것도 남기지 못하고 사라져 버린 서점들을 생각한다. 학창 시절 내 참새 방앗간이던 박상목 선생의 헌책방 중앙서점, 집과

도보 10분 거리에 있던 문화서점이 사라진 지도 오래되었다. 추억이 서린 서점들이 하나둘씩 사라지는 걸 목격하며 어떤 방식으로든 기록을 남기는 책방지기를 존경하게 되었다. 『풀무질, 세상을 벼리다』에는 '풀무질에서 맺은 인연'이라는 코너가 있다. 잡지 『작은책』의 발행인이던 안건모 선생부터 성균관대학교 졸업생 여은 씨까지 21명의 손님들이 풀무질에서 있었던 일들을 조곤조곤 풀어냈다. 풀무질에 대한 깊은 애정을 담은 글들이다. 책방을 열며 이 글들에서 큰 힘을 얻었다. 성격이 강퍅하고 자주 책방을 비우는 탓에 깊은 인연을 이어 가는 손님은 손에 꼽을 정도지만, 책을 사러 오는 손님들은 항상 고맙고 반갑다.

5

필사하는 재미

어린 내가, 자기 마음에 든 책에서, 고전도 포함해서, 한 구절을 옮겨 적는 습관을 들인 것은 무엇 때문이었을까요? 우선 책을 사서 내 것으로 하기 꽤 어려웠다는 점을 꼽겠습니다. 이웃 마을에 책방이 있었지만, 새로운 책이 들어오지 않았습니다. 돈도 없었습니다. 그렇지만 역시 그것은 내가 종이에 글을 옮겨 적는 일을 좋아하는 소년이었기 때문입니다.

— 오에 겐자부로, 『나의 나무 아래서』(송현아 옮김, 까치, 2001)

필사를 취미로 삼은 지도 꽤 오래되었다. 책을 읽다 좋은 문장이 나오면 메모하던 수준에서 본격적으로 필사를 하기 시작한 건 2006년 소설가 김성동 선생을 뵌 후였다. 그해 천자문에 선생이 해제를 붙인 『김성동 천자문』이 출간되어 그를 인터뷰했고, 돌아가면 천자문을 베껴 써 보라는 말씀을 들었다. 선생이 직접 이름을 써 주신 큰 판형의 『김성동 천자문』을 놓고 필사를 시작했다. 학생들이 사용하는 한문 공책을 사서 하루 한 시간쯤 들여 음과 뜻, 풀이까지 옮겨 쓰니 보름 정도면 천 자를 필사할 수 있었다. 한 번에서 끝낸 것이 아니라 여러 번 천자문을 필사했다. 그때 썼던 한문 공책이 그대로 남아 있다. 나중에는 한학자 염재 김균 선생이 우리 역사를 천자문에 담은 『대동천자문』을 공책에 옮기며 점점 필사의 재미를 알았다. 처음에는 한자 공부나 해 볼까 시작한 필사가 조금씩 재미가 붙어서, 나중에는 딱히 분야를 가리지 않고 좋아하는 책을 필사하기 시작했다. 작가의 문장을 그대로 베껴 쓰는 일은 지루할 듯하지만 노트의 여백을 채워 가는 재미가 있다. 문장을 곱씹고 느낌을 받아들이는 행위인 필사는 책과 펜, 노트만 있다면 언제 어디서든 즐길 수 있다.

천자문 필사로 시작해 현재까지 필사의 재미를 놓

치지 않은 데는 타고난 성정이 외로움을 타지 않고 혼자 있길 좋아하는 이유도 있을 것이다. 10년을 살았어도 서울 생활이 익숙해지지 않았던 건 골 깊은 곳에서 자란 탓이기도 했지만, 복잡한 것을 싫어하고 어딘가에 엮이는 걸 두려워하는 성격 탓이기도 했다. 돌아보면 필사는 식구들과 떨어져 넉넉지 않은 형편으로 홀로 서울살이 하는 월급쟁이에게 안성맞춤인 취미였다.

서울살이를 그만두고 고향에 내려와 책방을 열기까지 2년 넘게 식구를 제외하고는 사람을 거의 만나지 않았다. 한달 내내 만나는 사람이 다섯 손가락에 꼽을 정도로 두문불출했다. 그 기간에도 외롭다거나 나가서 사람을 만나야겠다는 생각은 해 본 적이 없었다. 사람들과 어울리는 것을 싫어하진 않지만 혼자 있는 것이 불편하지 않았고 사람을 만나지 않아도 충분히 즐거움을 누릴 수 있었다. 그 즐거움의 중심은 독서와 필사였다. 타고난 성격 외에도 필사하는 습관이 '자발적 폐관수련'에 많은 도움이 되었다. 만일 외로움을 많이 타는 독자라면 필사가 조금이나마 그 외로움을 누그러뜨려 줄 좋은 약이 될 듯싶다.

혼자 필사하는 것도 좋지만 스스로 시작하기 어렵다면 주변 사람들과 함께 하는 것도 방법이다. 요즘 도서관이나 동네 책방에서 필사 모임을 꾸려 모집 정보를 게시하곤 하니 잘 살펴보도록 하자. 나도 책방에서 필사 모임을 연 적이 있다. 코로나19가 일상을 흐트리기 직전이었다. 6개월 동안 나를 포함해 8명의 참여자가 모여 각자 좋아하는 작품을 처음부터 끝까지 손수 써 보았다. 오랜 시간에 걸쳐 책 한 권 전체를 필사하는 일은 단순한 독서를 넘어 작가와 나의 삶을 나란히 놓아 보는 경험이었다. 모임 참가자들은 중간에 그만두지 않고 꾸준히 필사를 이어갔고 만족도도 높았다. 필사의 재미를 깨닫고 혼자서도 필사를 할 수 있을 때까진 모임에 참여하는 것도 좋은 방법이다.

나는 그 반년 동안 막스 피카르트의 『침묵의 세계』를 베껴 썼다. 매일매일 두 쪽씩 필사했다. 진실한 신앙인이었던 피카르트가 신을 향한 기도와 성찰로써 쓰기 시작한 책이다. 어느 공간에서나 마스크를 쓰고 침묵을 지키는 것이 미덕이던 코로나19 팬데믹 시기에, 신앙이나 종교가 없는 내게도 그의 깊은 사유는 큰 감동과 울림으로 다가왔다. 묵묵히 펜으로 써 내려가는 필사도 침묵

이 동반자일 수밖에 없다. 필사의 재미를 깨닫는다는 건 침묵의 세계에 발을 들이는 것과 같다.

> 침묵은 결코 수동적인 것이 아니고 단순하게 말하지 않는 것이 아니며, 침묵은 능동적인 것이고 독자적인 완전한 세계이다. 침묵은 그야말로 그것이 존재한다는 사실 때문에 위대하다. 침묵은 존재한다. 고로 침묵은 위대하다. 그 단순한 현존 속에 침묵의 위대함이 있다. 침묵에는 시작도 없고 끝도 없다.
>
> —막스 피카르트, 『침묵의 세계』(최승자 옮김, 까치, 2001)

가장 최근에 책 전체를 베껴 쓴 것은 미셸 옹프레의 『철학자의 여행법』이다. 선물 받은 작은 수첩에 매일 두 쪽씩 필사했다. 매일매일 빠지지 않고 3개월 동안 첫 페이지부터 마지막 페이지까지 모두 베껴 썼다. "여행은 도서관에서 시작된다. 혹은 서점에서 시작될 수도 있다." 이 문장에 홀려 시작한 필사였다. 어찌 작가의 마음이 내 마음과 같을까 싶었다. 이 책의 존재를 알았을 땐 이미 절판 상태였다. 비록 많이 알려지진 않았지만 독자들이 언젠가는 가치를 알아줄 법한 책에 “판권 소멸 등으로 더 이상 제작, 유통 계획이 없습니다”라는 안내문이 붙은 걸 보면 안타깝다. 출간된 지 10년이 넘어 이제는 구하기 힘들지만 나의 필사로 『철학자의 여행법』이 한 권이 늘어난 셈이라고 생각하면 조금 위안이 된다. 이 수첩이 세월을 건너 누군가에게 전해져 읽힌다면 그것도 재밌는 일일 테고.

최근 필사 중인 책은 단테의 『신곡』이다. 연옥편까지 마쳤고, 천국편이 남았다. 지옥, 연옥, 천국의 골짜기 100개를 총 1만 4,233행의 문장을 따라 시인 베르길리우스, 단테와 함께 여행 중이다. 2년 동안 매일 노트 한 쪽씩 베껴 써서 끝을 보겠다는 목표를 세웠다. 일주일에 한 골짜기씩 필사하고 있으니 100주, 약 2년이 걸린다. 가끔 바쁘거나 집에 들어올 수 없는 날은 빼먹기도 하지만 거의 계획대로 나아가고 있다. 1천 쪽이 넘는 『신곡』을 필사하기로 작심한 이유는 우연히 만난 책 때문이었다. 팔려 온 책을 정리하다 소설가 윌리엄 스타이런의 에세이 『보이는 어둠』을 발견하곤 그 자리에서 읽었다. 『소피의 선택』 등 훌륭한 작품으로 퓰리처 상, 내셔널 북 어워드를 수상하며 문단의 호평과 독자들의 사랑을 받

았던 그가 스스로 목숨을 끊고 싶을 만큼 극한의 우울에 시달리며 이런 글을 썼다는 사실은 몰랐었다. 『보이는 어둠』에서 윌리엄 스타이런은 『신곡』을 여러 번 인용하며 "우울증에 걸린 중년 남자가 그것을 극복하는 이야기"로 해석했다. 『신곡』의 첫 문장 "우리 인생길의 한중간에서 나는 어두운 숲속에 있었으니 올바른 길을 잃어버렸기 때문이다"를 필사하며 그의 해석에 공감할 수밖에 없었다.

만약 필사를 해 보겠다는 마음이 생겼다면 손에 익은 펜과 가지고 다니기 적당한 노트나 수첩을 마련하는 것이 첫 번째다. 그리고 지금껏 책을 읽으며 가장 사랑했던 작가와 작품을 떠올려 보자. 백석이나 고정희나 이태준이나 박완서나…… 사랑하는 작가들의 문장을 베껴 쓰다 보면 설명할 수 없는 감정이 차오른다. 그 감정은 혼자 견딜 수 있는 힘의 자양 같은 것이다. 필사는 홀로 조용히 즐길 수 있는 놀이이면서 또한 마음공부일 수도 있다.

첫 필사부터 두꺼운 책을 고르면 힘들다. 30분 안에 충분히 한 편을 베껴 쓸 수 있는 시나 짧은 에세이도 좋다. 처음부터 욕심 낼 필요는 없다. 익숙해질 때까진

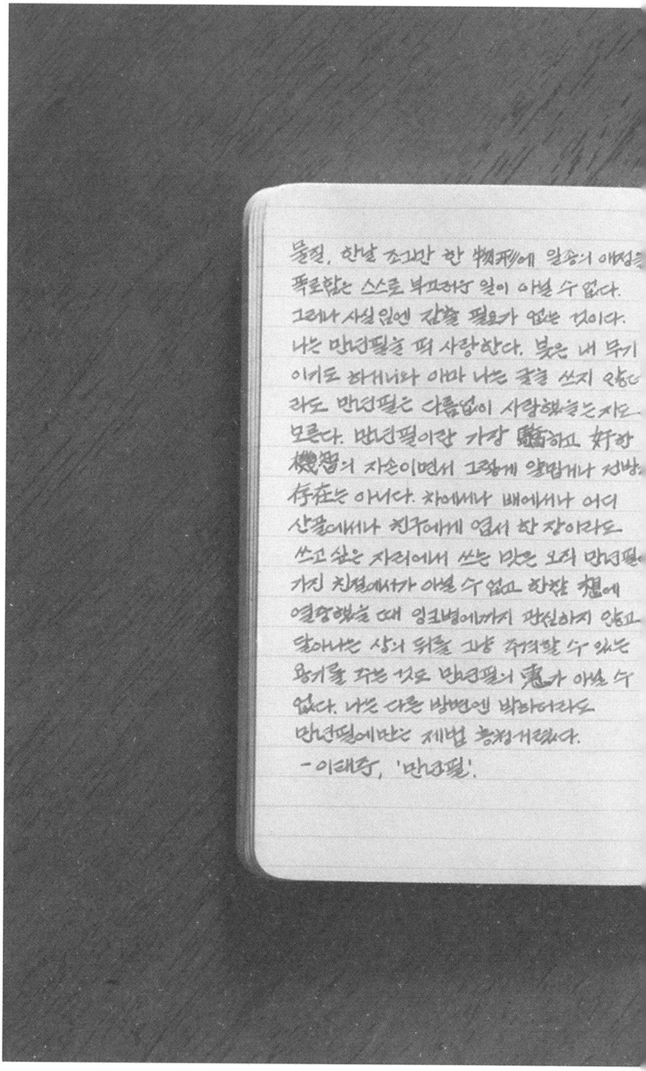
물질, 한낱 조그만 한 物形에 일종의 애정
폭로함은 스스로 부끄러운 일이 아닐 수 없다.
그러나 사실 일엔 감출 필요가 없는 것이다.
나는 만년필을 퍽 사랑한다. 붓은 내 무기
이기도 하거니와 아마 나는 글을 쓰지 않
라도 만년필은 다름없이 사랑했을는지도
모른다. 만년필이란 가장 簡便하고 好한
機智의 자손이면서 그렇게 얄밉거나 천박
存在는 아니다. 차에서나 배에서나 어디
산골에서나 친구에게 엽서 한 장이라도
쓰고 싶은 자리에서 쓰는 맛은 오직 만년필
가진 친절에서가 아닐 수 없고 한참 想에
열중했을 때 잉크병에까지 관심하지 않고
달아나는 상의 뒤를 그냥 추격할 수 있는
용기를 주는 것도 만년필의 惠가 아닐 수
없다. 나는 다른 방면엔 박하더라도
만년필에만은 제법 흥청거렸다.
- 이태준, '만년필'.

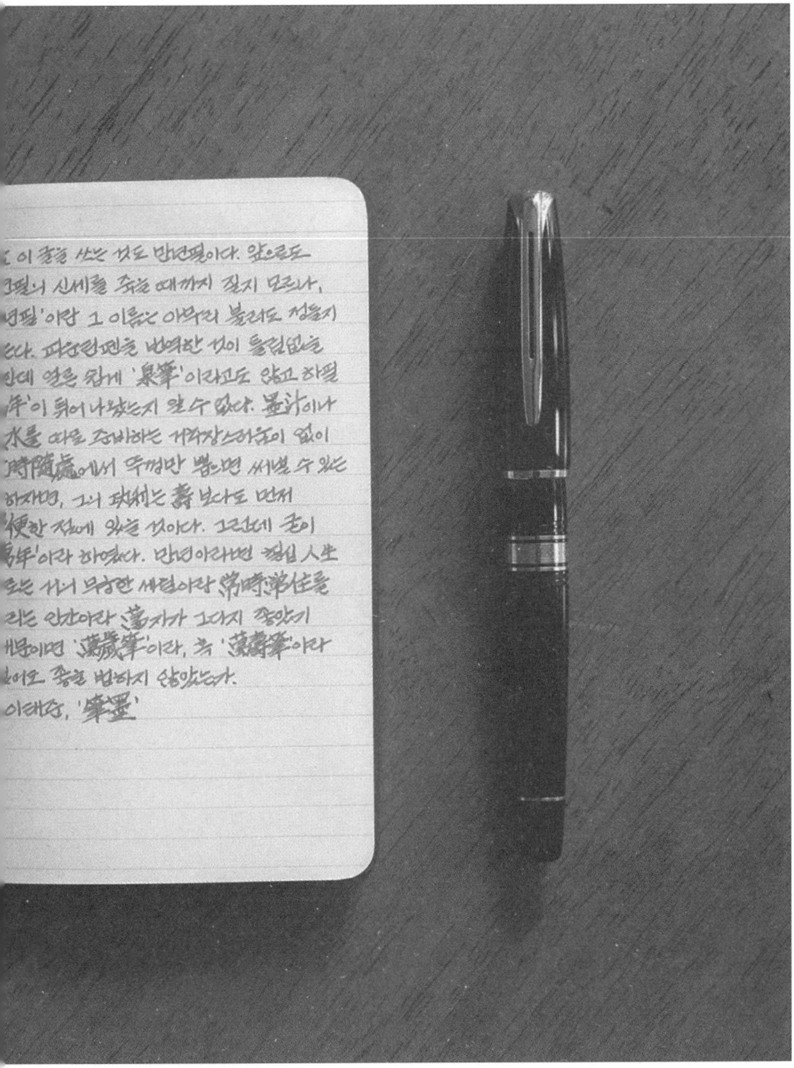

무리하지 않고 조금씩 꾸준히 해야 지치지 않는다. 무언가 이루고자 할 때는 항상 수련 과정이 필요한 법이다. 처음에는 짧은 시간 필사하기도 쉬운 일이 아니다. 조금만 펜을 쥐고 있어도 손가락이 아프다고 하는 분들이 많다. 뭐든 그렇듯이, 오래 하려면 먼저 힘을 빼야 한다. 그래야 더 오래, 글씨도 더 단정하게 쓸 수 있다.

글씨 얘기를 해야겠다. 글씨야말로 필사를 하는 데 가장 넘기 힘든 장애물이다. 짧은 메모도 스마트폰을 사용하는 시절이니 실제 펜을 들고 글씨를 쓸 일이 별로 없다. 당연히 글씨 쓰는 솜씨도 잘 안 는다. 오랫동안 펜으로 필기를 해 왔던 세대라면 몰라도, 요즘 젊은이들은 연필 잡는 법도 서툰 경우도 많다.

필사를 하고 싶지만 자신의 글씨가 못나서 필사를 하고픈 마음이 사라진다는 이야기를 자주 들었다. 반듯하고 예쁜 글씨를 가진 이들이 부럽긴 나도 마찬가지다. 글씨를 예쁘게 쓰고 싶어서 초등학생용 열 칸 공책을 사서 시를 필사하며 연습하기도 했다. 잘 쓰는 이들도 펜을 처음 잡았을 때부터 그러진 않았을 것이다. 필사는 작가와 작품을 사랑해 문장을 곱씹는 일이지 글씨를 예쁘게 쓰기 위한 것이 아니다. 재능이 부족하더라도 정성껏 또

박또박 쓰다 보면 글씨는 조금씩 나아진다. 현재의 못난 글씨에 연연할 필요는 없다. 오히려 악필을 교정할 기회로 삼고 덤벼 보자. 필사는 다른 이와 경쟁할 필요도 없고 온전히 자신만을 위한 일이니, 꾸준히 하려는 마음가짐만 있으면 된다. 조급해할 것도 없다. 정성 들여 필사하다 보면 어느 순간 자연스레 나아진 글씨를 볼 수 있을 것이다.

어느 정도 필사에 대한 감을 잡고 재미를 느끼기 시작했다면 책 전체를 베껴 쓰는 '통필사'에 도전할 때다. 책 전체를 필사하는 일은 지난하지만 모든 일은 시작과 끝이 있듯 쓰다 보면 언젠가는 마지막 페이지의 마침표를 찍게 된다. 그렇게 꾸준히 필사를 하다 보면 어느 순간 작가의 글을 베껴 쓰는 것이 아니라 나의 글을 써 보면 어떨까 하는 마음이 솟아나기 마련이다.

필사란 결국 남의 글의 베껴 쓰기만 하는 것이 아니라 나의 글을 쓰기 위한 준비운동이다. 필사를 하기 전과 후를 나눠 보면 글쓰기에 대한 태도에 확연한 차이가 난다. 습관적인 베껴 쓰기가 아니라 문장의 구조와 쓰임을 곰곰이 따져 보는 필사는 글쓰기에 큰 도움이 된다. 단어와 단어 사이, 행과 행 사이, 문단과 문단 사이 자신의 생각을 담기 위해 노력해 보자. 필사를 꾸준히 하면 글쓰기가 수월해지고 예전보다 훨씬 정연한 문장을 쓸 수 있을 것이다.

아직도 필사가 무슨 재미야 하고 의심하는 독자들에게 전하고 싶은 글이 있다. 아직도 필사가 무슨 재미야 하고 의심하는 독자들에게 전하고 싶은 글이 있다. 앙토냉 질베르 세르티양주는 『공부하는 삶』에 이렇게 썼다. 이 글대로 단순히 필사만 할 것이 아니라 나의 '사유'를 덧붙이면 더 큰 재미를 느낄 수 있을 것이다.

> 나는 읽기만 하지 않고 읽으면서 적는다. 그러나 나는 누군가를 만난 뒤에는 그 사람의 사유를 적기보다 나의 사유를 적는다. 나의 이상은 우리의 공통된 사유를 더 잘 표현하는 것이 아니라 문자 그대로 적으면서도 나의 사유를 적는 것이다. 쓰는 사람은 하나의 관념을 생각하는 사람이다. 그러나 나는 또한 내가 깊이 흡수하는 것, 꿰뚫어 보려 애쓰는 것, 단어의 모든 의미를 이해하려 노력하는 것, 나 자신의 것으로 만드는 것도 생각한다. 그러므로 나는 쓰는 동시에 쓰는 것을 내 재산의 일부로 저장한다.

6

책싸개 하는 재미

혹여 그깟 헌책 한 권에 무슨 쓸 데 없는 정성이냐고 타박하지 않았으면 좋겠다. 사실 책을 사 와서 닦고 포장까지 하려면 꽤 많은 시간을 쏟아야 하지만 내겐 그 시간이 가장 행복하다. 그런 과정을 통해 좋은 책을 얻은 기쁨을 두 배로 느끼고 이래저래 책과 정이 들기도 하기 때문이다. 이렇게 책 손질을 하면서 우연히 펼친 페이지를 읽기도 하고 서문이나 작가의 말도 읽으면서 책과의 대화를 처음 시작하게 되는 것이다.

— 조희봉, 『전작주의자의 꿈』(함께읽는책, 2003)

책이 상하지 않게 책 표지를 감싸는 걸 책싸개라 하는데, 요즘엔 북커버라고 부르는 듯하다. 내 오랜 습관이기도 하고 책싸개를 할 경우 책이 망가지는 걸 적잖이 줄여 주기 때문에 가능하다면 하는 편이다. 여행에 챙겨 갈 책이라면 더욱 공을 들여서 책싸개를 한다. 대형 서점이나 문구점에 가면 예쁜 제품들이 많이 나와 있다지만 책싸개가 편하니 굳이 기성품을 구입해서 써 볼까 생각한 적은 없다.

어린 시절, 교과서 외엔 딱히 볼 것도 없을 만치 책이 귀한 시골에서 자랐다. 학교에서 새 교과서를 받아 오면 묵은 달력이나 사료 부대 속지를 잘라 아버지께서 책싸개를 해 주셨다. 아버지는 달력보다 사료부대 속지를 더 좋아하셨는데, 얇은 크래프트지라 질겨서 책싸개하기에는 안성맞춤이었다. 국어나 산수 같은 주요 과목부터 먼저 싸고 종이가 없으면 나머지 책들은 순서가 밀렸다. 시골이라 테이프나 풀도 없으니 귀퉁이를 접을 때는 밥풀 하나를 살짝 붙여 마무리했다. 이리 보고 저리 봐도 완벽한 책싸개였다. 아버지는 책(교과서)은 소중하게 다뤄야 한다는 사실을 책싸개를 할 때마다 강조하셨다.

내가 책싸개를 직접 하기 시작한 때는 고등학교에 들어가고부터. 아이러니하게도 교과서 외 다른 책을 학교에 가져가기 위한 궁여지책이었다. 교과서, 참고서,

문제집 외에는 가져갈 수 없던 학교에서 금지된 책을 감쪽같은 책싸개로 들키지 않고 읽는 재미를 무엇과 비길 수 있을까. 고려원에서 출간된 진융(김용)의 영웅문 3부작 시리즈는 최고의 인기를 누렸다. 『사조영웅전』, 『신조협려』, 『의천도룡기』는 일단 읽기 시작하면 시리즈 끝까지 멈출 수 없을 정도로 흡인력이 있었다. 비디오 대여점에서 드라마로 복습하는 것도 필수 코스였다.

감시자의 눈을 피해 금지된 책을 읽을 때 우리의 집중력은 불타올랐다. 일본 만화 『시티헌터』나 『드래곤볼』, 『북두의 권』 해적판도 종종 표지갈이 책싸개를 해서 친구들과 돌려보았다. 책표지를 감추기 위한 다양한 방법이 있었다. 영화 잡지 『스크린』 부록으로 나오는 브로마이드나 별책부록을 잘라 책싸개를 하기도 했다. 그 덕분에 소피 마르소, 브룩 실즈부터, 홍콩영화가 붐이던 시절이니 왕쭈셴(왕조현), 관즈린(관지림), 글로리아 입까지 만화책 표지 모델이 될 기회를 얻었다. 민중서림에서 나온 에센스 영어사전 표지는 학교에서 읽을 수 없는 책을 위한 효과 만점 '위장용' 책싸개로 쓰기 딱이었다.

고등학교 시절이 지나고 헌책방 다니는 재미를 들

인 다음부터는 책을 구입해 오면 당장 읽을 것은 습관처럼 책싸개를 했다. 처음에는 책비닐을 사서 쌌지만 책비닐도 세월이 지나면 수축 및 경화된다는 사실을 깨닫고는 가능한 한 종이를 썼다. 제목과 표지 디자인을 볼 수 없다는 단점에도 불구하고 책을 보호할 수 있는 가장 효과적인 방법이다. 무엇보다 책비닐은 마지막 고정할 때 테이프를 사용해야 하지만 종이를 이용하면 책날개가 있는 경우엔 굳이 테이프나 풀로 고정할 필요가 없었다(책날개가 없으면 어쩔 수 없이 풀을 써야 했다). 테이프를 가능한 한 쓰지 않는 편이 낫다는 것은 나중에야 깨달았다. 테이프도 경화되면 접착 성분이 빠져나와 책에 흔적을 남겼다. 종이만으로 책싸개를 하는 편이 책을 위해선 가장 안전하다.

책싸개 종이도 여러 가지다. 따로 구입해서 쓰는 건 아니고 매월 구독하는 잡지의 우편 봉투를 재활용하기도 하고, 패스트푸드점이나 가게에서 주는 포장지나 종이 가방을 해체하기도 한다. 가장 만족도가 높은 것은 역시 패스트푸드점에서 사용하는 포장지다. 얇고 질긴 재질이라 책싸개로 쓰기에 딱이다.

특히 여행지에선 패스트푸드점은 끼니를 해결하는

장소이자 편하게 휴식을 취할 수 있는 곳인데, 나에겐 한 가지 용도가 더 있다. 들어 보라. 주섬주섬 짐들을 풀어 놓고 출발을 위한 '재정비'를 하기엔 눈치가 보이는 일반 식당 대신 맥도날드나 버거킹 등 패스트푸드점에 들어간다. 그곳에서 내가 벌이는 '진상 짓'은 이를 테면 이런 것이다. 가장 구석진 자리에 가서 가방에 있는 잡다한 것들을 테이블 위에 쏟아놓고 하나하나 정리하기(어느 때는 옷가지도 꺼낸다). 오토바이나 자전거 여행, 배낭여행 때 특히 필요한 시간이다. 정리가 대충 끝났다 싶으면 다음 행선지를 고민하거나 기운을 차릴 때까지 어영부영 시간을 보낸다. 그러면서 음식 포장지를 펼쳐 놓고 책싸개를 한다. 책싸개 대상은? 여행지에서 구입한 책이다. 여행을 가면 어떻게든 그 지역 서점을 둘러보려 애쓰니 자주 새 책이 생긴다. 구입한 책을 올려놓고 음식 포장지를 조심스레 뜯어 책등을 따라 손톱으로 줄을 내고 책날개를 따라 접는 일에는 약간의 집중력이 필요하다. 종이를 잘라야 할 때는 작은 가위가 달린 멀티툴 빅토리녹스 미니 챔프+를 사용한다. 패스트푸드점 플라스틱 쟁반에 깔려 나오는 종이는 단행본을 싸기에 크기

+ 20년 넘게 사용해 고장났으나 어떻게 고장났는지 따지지 않고 무료로 애프터 서비스를 받았다. 평생 품질 보증을 하는 회사가 실제 존재한다는 사실이 놀라웠다.

도 적당하고 그림이 심심하지 않아 애호한다.

여행을 떠나지 않더라도 가끔 카페나 패스트푸드점에 갈 일이 생기면 가방 속 책을 위해 포장지를 일부러 챙겨 나온다. 책싸개를 할 때마다 표지 디자인을 위해 고심했을 모든 북 디자이너에게 미안한 감정이 일지만 책이 상하는 것을 막는 일이 우선이니 어쩔 수 없다.

책싸개를 할 때 가장 거추장스러운 것은 띠지다. 편집자로 일할 때는 띠지가 책을 알리는 수단이 되니 거기 들어갈 문구를 놓고 머리를 쥐어뜯으며 고민했지만, 책을 구입한 독자에겐 처리가 고민되는 거추장스런 존재일 뿐이다. 버리자니 책의 원형을 포기하는 것 같고, 책 속에 꽂아 두면 이물감이 느껴져서 싫다.

그래도 버릴 수는 없어 띠지를 책갈피로 만들어 쓸 때가 많다. 적당한 크기로 자르고 풀로 앞뒤를 붙여 구멍을 내고 끈을 맨다. 원래 띠지는 책 디자인에 맞추는 법이니 잘 어울리기도 하고, 활용 면에선 이보다 나은 방법이 없는 듯하다. 띠지를 책갈피로 만드는 요령을 소개한다. 우선 접착력이 강하지 않은 물풀(고체풀은 표면에 덩어리가 지는 경우가 있어서 추천하지 않는다)을 사용하는 것이 핵심. 양면을 붙여서 구멍을 뚫는 단순한 작업이지만 강력 접착제나 고체풀은 실수할 경우 되돌리기가 힘들다. 접히는 곳 일부만 미리 살짝 풀을 칠해 각도를 잘 맞춰 미리 붙여 놓고, 나머지를 풀칠하는 것이 가장 쉬운 방법이다. 띠지를 어떻게 할까 고민하는 독자에게 이런 방법도 있다는 걸 이야기하고 싶었다.

서점에서 예쁘게 포장된 블라인드 북을 사면, 포장지를 버리지 않고 재활용해 책싸개를 한다. 가끔은 차라리 책싸개를 해 두고 파는 편이 낫지 않을까 싶기도 하다. 블라인드 북의 매력은 어떤 책인지 알 수 없는 데 있으니까, 펼쳐 볼 수 없도록 책싸개를 하고 포장끈으로 묶어 두면 불필요한 포장을 최대한 줄일 수 있을 것이다. 예전엔 동네서점에 가면 책싸개를 바로 해 주는 경우가 많았다. 서점원들이 무거운 재단 가위를 들고 무림고수가 초식을 펼치듯 책싸개를 해 주었는데, 그 시절 동네서점 책싸개 그대로 들어오는 책도 드물게 있다. 책배와 책머리는 세월이 내려앉아 바랬어도 30년은 족히 넘었을 책의 표지가 어제 구입한 것처럼 깨끗하다. 책싸개는 가장 저렴한 비용과 수고로 책을 가장 오랫동안 깨끗하게 유지하는 비법일 것이다. 책 주인이 책에게 해 줄 수 있는 최고의 선물이다.

마지막으로 책을 사랑한 선비 이덕무의 글을 소개한다. 그가 남긴 『청장관전서』를 소설가 김성동이 쉽게 풀어 쓴 『사람답게 사는 즐거움』에 나오는 글이다.

> 책을 읽을 때 손가락에 침을 묻혀서 책장을 넘기지 말고, 손톱으로 줄을 긁지도 말며, 책장을 접어서 읽던 곳을 표시하지도 말라. 책머리를 말지 말고, 책을 베지도 말며, 팔꿈치로 책을 괴지도 말고, 책으로 술항아리를 덮지도 말라. 먼지 터는 곳에서는 책을 펴지도 말고, 책

을 보면서 졸아 어깨 밑에나 다리 사이에 떨어져서 접히게 하지도 말고, 던지지도 말라. 심지를 돋우거나 머리를 긁은 손가락으로 책장을 넘기지 말고, 힘차게 책장을 넘기지도 말며, 책을 창이나 벽에 휘둘러서 먼지를 털지도 말라.

— 이덕무, 『사람답게 사는 즐거움』(김성동 엮음, 솔, 1996)

이 글 마지막 줄에 '새로 구해 온 책은 반드시 책싸개를 한다'를 추가하면 독서가가 가져야 할 기본 덕목이 완성되지 않을지.

7

책 속 메모를 발견하는 재미

책 속에 남긴 문장이 편지이건 사랑 고백이건 내가 보기에 한 가지 분명한 공통점이 있었다. 내용이 모두 너무도 솔직하고 진심이 느껴진다는 것이다. 때론 아주 짧은 문장을 보고서도 그 글씨를 쓴 사람에게 이끌려 깊은 상상 속으로 미끄러져 들어가는 경험을 한 적도 많다. 책 속에 글씨를 남긴 사람을 직접 만나보고 싶다는 생각을 한 일은 셀 수도 없다.

— 윤성근, 『헌책이 내게 말을 걸어왔다』(큐리어스, 2013)

바로 이 책, 윤성근 작가의 『헌책이 내게 말을 걸어왔다』에는 이런 메모가 남겨져 있다.

말로만 듣던 소소책방을 방문하게 되어서 기쁩니다.

이 공간이 추억으로 남을 듯해서 고맙습니다.

생활예술 모임『곳간』

김대성, 송진희

다녀간 이: 이윤호, 김수정, 최소라

2014년 6월 28일

책방 문을 연 지 1년도 되지 않은 때에 부산에서 생활 글쓰기 모임을 꾸리는 '곳간' 회원들이 찾아와서 이 책을 선물로 놓고 갔다. 문학평론가이자 곳간의 대표인 김대성 씨는 2024년 진주문고 상주 작가로 활동해서 몇 년 만에 진주에서 다시 만나 회포를 풀기도 했다. 곳간 회원들이 책을 놓고 간 이후 10년 세월이 흘렀지만 책방은 잘 버티고 있고, 곳간도 계속 글쓰기 모임을 꾸리며 다양한 책을 출간하고 있다. 2014년 놓고 간『헌책이 내게 말을 걸어왔다』의 서문에는 구라다 하쿠조의 책『사랑과 인식의 출발』에서 메모를 발견하고 책 주인을 직접 찾아가는 이야기가 담겨 있다. 책 속에서 메모를 발견하면 나도 윤성근 작가처럼 "상상 속으로 미끄러져 들어"간다. 이 메모를 남긴 사람은 누구일까, 이 책을 지금도

기억할까, 어디서 무엇을 할까…… 여러 생각이 꼬리에 꼬리를 문다.

나에게는 외솔 최현배 선생의 1955년 정음사판『우리말본』이 있다. 이 책을 2013년 2월 5일 부산 다성헌책방에서 구입했다. 책방지기가 팔지 않겠다고 했는데 끈질기게 졸랐다. 이 책을 꼭 내 손에 넣고 싶었던 이유는 내지에 적힌 첫 번째 책 주인의 메모 때문이다.

> 단기 4288년(1955년) 3월 27일 전일인 3월 26일 오전 6시 22분 삼남 탄생 기념 매입. 대학당서림. 정가 2할감.

책 주인은 아들이 태어난 기념으로 당시로선 꽤 거금인 정가 3천 환(통계청 물가환산표를 보면 당시 쌀 세 가마 값)에서 20퍼센트 할인된 2,400환을 주고 샀다. 아들이 태어난 기념으로『우리말본』을 구입한 아버지라니! 거기다 아들이 태어난 정확한 시각(분)을 '기입'한 것은 책을 산 지 10년이 지나서다. 이 책을 처음 구입하고 소장했던 주인의 마음이 이 짧은 메모에서 전해졌다. 아마 자애롭고 꼼꼼한 이였을 것이다. 1955년이면 그해

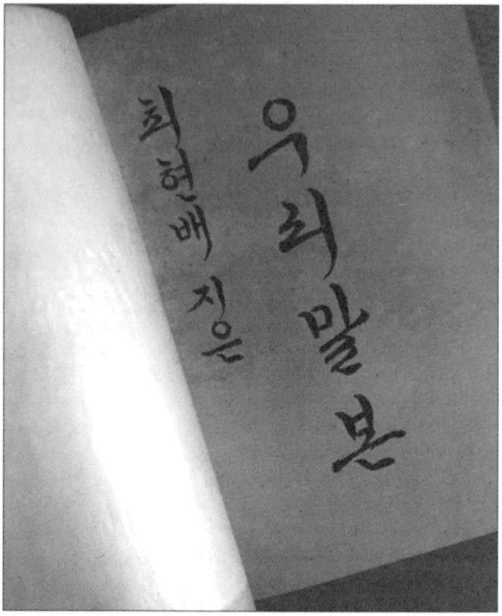
우리말본
최현배 지은

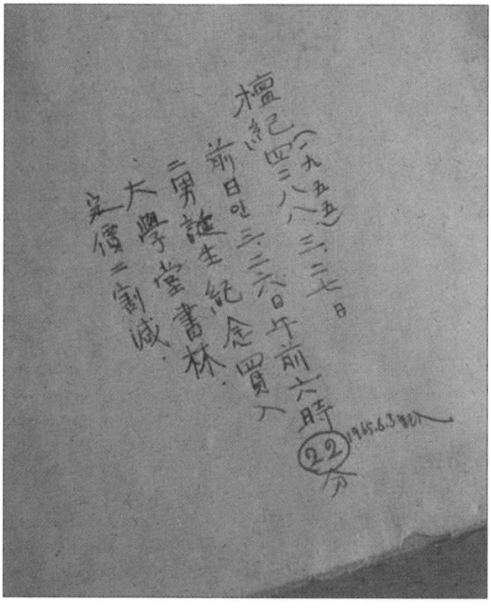
檀紀 四二八八 (一九五五) 三. 二七日
前日인 三. 二六日 午前 六時 22分
二男誕生紀念 買入
大學堂書林
定價 二割減

태어났던 아들은 이제 칠순을 넘겼다. 아버지가 아들에게 물려주었어야 할 책인데 싶어 마음이 아팠다. 만약 이름이나 주소가 있었다면 어떻게든 연락해서 전해 주고 싶었지만 책에 적힌 단서는 이것뿐이었다. 유려한 필체에다 비싼 책값을 감당할 수 있을 정도의 재력을 지닌 아버지였으니, 그 아래서 유복하게 학교를 다니고 가정을 이루었으리라 짐작만 할 뿐이다. 책 상태가 좋았던 걸 감안한다면 내게 오기까지 책 주인이 거의 바뀌지 않았을 텐데, 아마 아버지가 아들에게 물려주었다가 사정이 생겨 헌책방으로 들어간 것이 아닐까 싶다.

『우리말본』은 일제강점기인 1937년에 처음 책이 나왔고, 한국전쟁 직전 다시 펴내려 했으나 전쟁통에 인쇄를 위해 만든 지형紙型이 모두 불타 1955년에야 재출간할 수 있었다. 최현배 선생뿐만 아니라 엄혹했던 시절 우리말을 지키는 일에 투신한 위인들의 책을 어떻게든 잘 보존하고 싶지만 세월이 야속하다. 해방 이후부터 한국전쟁을 거쳐 1960년대에 이르는 시절의 책들은 대부분 종이 질이 좋지 않아 조금만 험하게 다뤄도 갈라지고 찢어지고 바스라진다. 처음에 가져올 때는 그나마 상태가 좋았으나 책방 이사를 네 번이나 하는 통에 안타깝게도 책등이 갈라져 버렸다.

내게도 아버지가 물려주신 책이 있다. 『세계명가 160곡집』은 아버지가 1968년에 구입한 책인데 지금까지는 고모가 보관하셨다. 책장을 정리하다 발견하곤 "아버지 책이니 네가 잘 보관하라"며 보자기에 싸서 보내주셨다. 교사로 아이들을 가르치던 시절 아버지는 이 책을 교재로 쓰기 위해 구입한 듯하다. 아버지를 따라 교직을 선택한 고모가 물려받았다가 50년을 훌쩍 넘겨 내게로 온 것이다. "1968. 5. 17. 이방에서"라는 메모와 함께 아버지의 이름과 장서인이 찍혀 있다. '이방'이 어디인지 궁금했지만 짐작가는 곳이 없었다. 소셜미디어에 사진을 올렸더니 "창녕군 이방면인 것 같다"라는 댓글이 달렸다. 1968년, 23세 청년이던 아버지가 창녕 이방국민학교에서 아이들을 가르쳤다는 걸 알았다. 사회생활을 교사로 시작했는데 화를 못 참고 교장과 크게 다툰 후 사직서를 내고 짧은 교직 생활을 마무리했다는 이야기를 들은 적 있다. 그후 여러 직장과 직업을 전전한 아버지는 화를 잘 다스려야 한다는 말씀을 자주 하셨고, 아버지의 말씀을 뼛속 깊이 새긴 나는 가능하면 화를 아예 만들지 않는 쪽으로 삶의 방향을 잡았다.

아버지의 젊은 시절을 품은 유일한 유품인 『세계명가160곡집』을 펴낸 국민음악연구회는 해방 이후 불모지나 다름없던 상황에서 음악 전문 출판을 시작한 곳이다. 1950년대에 음악 교과서를 만들던 유일한 출판사였고, 이 책에 실린 출간 목록에는 교과서부터 악보집, 음악사전까지 다종다양한 음악책이 올라 있다. 이 책만 봐도 그렇고, 국민음악연구회의 이강염 대표는 음악과 출판에 진심이었던 듯하다. 책방에 국민음악연구회가 1969년 펴낸 『학생음악사전』이 있는데 이 책도 도판이나 내용, 만듦새를 보면 그 시절에 만든 책 같지가 않다. 처음 이 책을 봤을 땐 단순히 일본 책을 가져다 번역한 것이 아닐까 했지만 본문 내용을 봐도 그렇고 수록해 둔 외국어 음악 용어표를 봐도 그렇고 우리말을 살려 쓰기 위해 힘썼음을 선명하게 느낄 수 있다.

소소책방이 있는 진주 망경동은 옛 모습이 많이 남은 동네다. 가끔 상자 속에 낡은 책들을 담아 동네 어르신들이 팔러 오기도 한다. 매물로 나온 오래된 빈 집도 많다. 몇 해 전 지인이 내놓은 집을 구경하러 갔다가 마루에 쌓여 있는 낡은 책을 몇 권 얻어 왔다. 1980년 중앙

문화사에서 나온 주니어 세계문학전집 중 『젊은 베르테르의 슬픔』, 잡지 『주부생활』 1971년 5월호의 별책부록이었던 『어머니의 초상』, 1969년 현암사에서 나온 『손자병법』이 종이 상자에 담겨 있었다.

습기를 가득 머금은 『젊은 베르테르의 슬픔』의 책장을 넘기는데 이 책을 읽었던 아이(초등학교 고학년이나 중학생이었으리라)의 독후감이 나왔다. 책을 발견한 것보다 또박또박 눌러 쓴 한 장짜리 독후감을 찾아낸 기쁨이 더 컸다. 이름이나 쓴 날짜가 적혀 있었더라면 더 좋았을 텐데. 아이는 주인공 로테의 사랑을 이해하지 못했던 모양이다. 퍽 화가 났는지 "수많은 욕설"을 하고 싶었다고 썼다. 하지만 마지막엔 마음을 풀고 이런 문장으로 글을 맺었다.

나는 이 책을 다 읽은 후 책꽂이에 조용히 꽂으면서 다시 한번 이렇게 말했다. "사랑은 아름다운 거야"라고.

이 독후감을 쓴 소년(혹은 소녀)은 지금쯤 사람의 감정이란 흐르는 물과 같아서 원하는 대로 가두지도 움직이지도 못한다는 사실을 깨닫고도 남을 나이가 되었을

것이다. 책이 나온 시기를 생각하면 지금은 아마 40대 중반쯤? 소년이 다시 이 책을 읽는다면 어떤 독후감을 남길까? 베르테르와 로테의 사랑을 이해한다고 할까?

> 우연히 헌책 날개에 적힌 전 주인의 이름을 보면 얼마나 반갑고 신기한지 모른다. 그 독자가 본문 옆에 "너무 우울해!" "여기가 아주 좋음" "무슨 말?" 따위의 주註를 달아 놓았다면 그런 느낌이 더하다. 이 상상의 세계가 주는 즐거움과 쾌락을 우연히 나와 함께 나누어 가진 이 타자는 대체 누구란 말인가.
>
> — 루이스 버즈비, 『노란 불빛의 서점』(정신아 옮김, 문학동네, 2009)

책상 가까이 손이 닿는 책꽂이에 『공동번역 성서』가 꽂혀 있다. 신앙은 없지만 교양을 위해 『공동번역 성서』를 심심파적 들출 때가 많다. 특별히 이 『공동번역 성서』를 아껴서 1996년에 나온 초판본은 책싸개를 해서 보관하고 험한 상태로 들어온 성서를 곁에 두었다. 표지와 면지가 분리되기 직전이고, 책등도 벌어지기 시작했다. 접히거나 찢어진 곳도 있지만 읽는 데는 지장이 없

DIE LEIDEN DES JUNGEN WERTHERS
젊은 베르테르의 슬픔
괴테
中央文化社

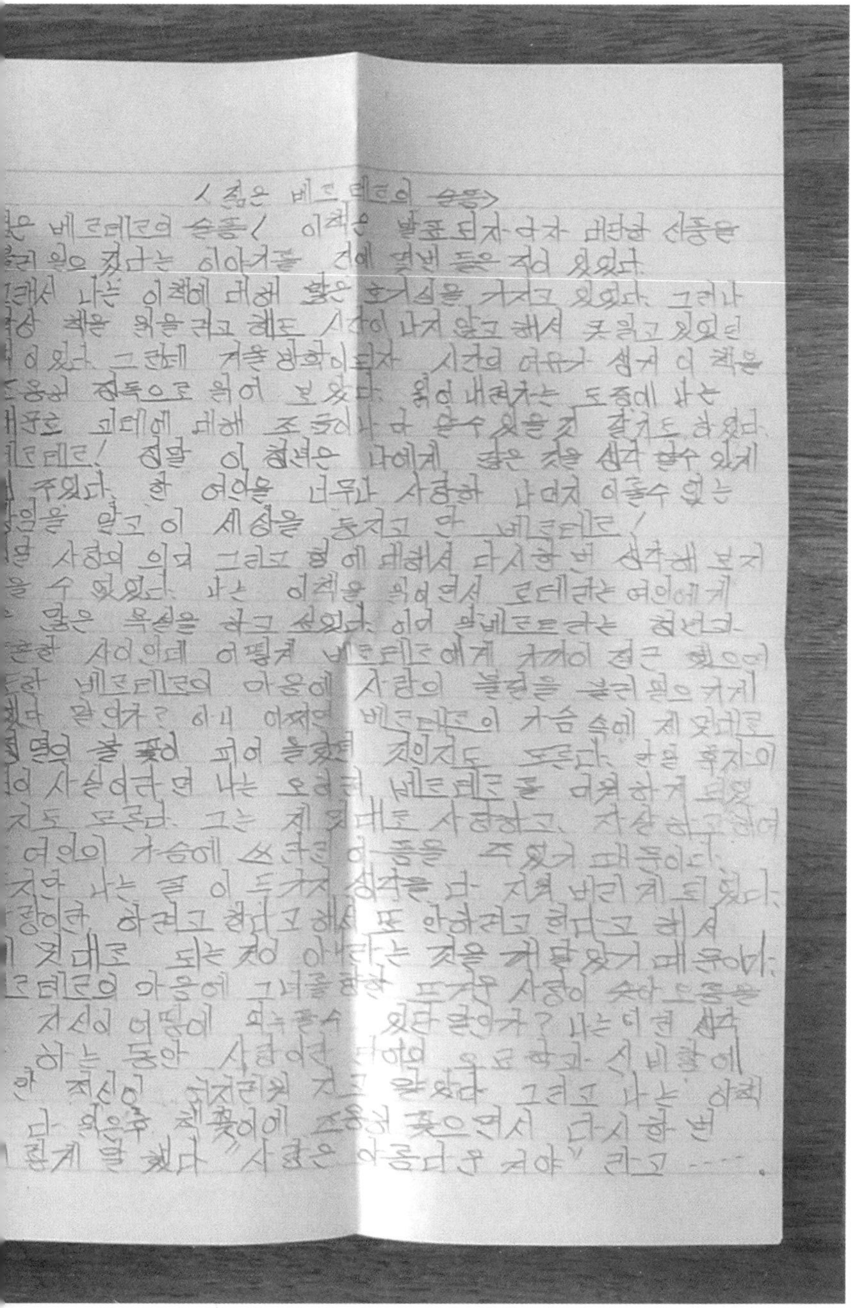
〈젊은 베르테르의 슬픔〉

젊은 베르테르의 슬픔〈 이책은 발표되자마자 대단한 선풍을
일으키며 젊은이들이 많이 죽었다는 이야기를 전에 몇번 들은 적이 있었다.
그래서 나는 이책에 대해 많은 호기심을 가지고 있었다. 그러나
막상 책을 읽을려고 해도 시간이 나지 않고 해서 못읽고 있었던
차이었다. 그런데 겨울방학이 되자 시간의 여유가 생겨 이 책을
조용히 정독으로 읽어 보았다. 읽어 내려가는 도중에 나는
세익스피어 괴테에 대해 조금이나마 알수 있을것 같기도 하였다.
베르테르! 정말 이 청년은 나에게 좋은 것을 생각 할수 있게
해 주었다. 한 여인을 너무나 사랑하여 나머지 이룰수 없는
사랑을 안고 이 세상을 등지고 간 베르테르!
나는 사랑의 의미 그리고 삶에 대해서 다시 한번 생각해 보지
않을 수 없었다. 나는 이책을 읽으면서 로테라는 여인에게
많은 욕설을 하고 싶었다. 이미 알베르트라는 청년과
약혼한 사이인데 어떻게 베르테르에게 가까이 접근 했으며
그러나 베르테르의 마음에 사랑의 불꽃을 불러 일으키게
했단 말인가? 하지만 어쩌면 베르테르의 가슴 속에 제 멋대로
사랑의 불꽃이 피어 올랐던 것인지도 모른다. 만일 후자의
경우가 사실이라면 나는 오히려 베르테르를 미워하게 되었을
지도 모른다. 그는 제 멋대로 사랑하고, 자살 하므로써
한 여인의 가슴에 쓰라린 아픔을 주었기 때문이다.
그러나 나는 곧 이 두가지 생각을 다 지워 버리게 되었다.
사랑이란, 하려고 했다고 해서 또 안하려고 한다고 해서
그 것대로 되는 것이 아니라는 것을 깨달았기 때문이다.
베르테르의 마음에 그녀를 향한 뜨거운 사랑이 솟아 오를 때
자신이 어떻게 막을수 있단 말인가? 나는 이런 생각
하는 동안 사랑이란 미명으로 하고 시비할때에
한 자신이 부끄러워 지고 말았다. 그리고 나는 이책
을 다 읽은후 책꽂이에 조용히 꽂으면서 다시 한 번
조용히 말했다 "사랑은 아름다운 거야" 라고...

다. 이 주인이 열심히 읽고 공부한 흔적이 곳곳에 남아 있다. 아마 신실한 신앙인이었겠지. 1977년 신·구교가 함께 번역해서 낸 이 『공동번역 성서』를 아끼는 이유는 입말이 살아 있고, 문익환 목사가 번역에 참여했기 때문이다. 우리 현대사에서 깊이 존경하는 몇 안 되는 인물이다.

성서 내용 가운데는 지혜의 왕 솔로몬이 썼다는 전도서가 좋다. 전도서는 허무주의로 가득해, 신이 있다고 믿는 것 자체가 허무와 연결된 것이 아닐까 의심하게 만든다. 실제 솔로몬이 썼는지는 모르지만, 솔로몬이든 누구든 전도서를 쓴 사람은 지독한 여성 혐오주의자임이 분명하고, 누릴 것을 다 누리고 해 볼 것을 다 해 본 사람의 분위기를 풍긴다. 권력의 정점에서 모든 것을 다 가졌던 왕이라면 이렇게 이야기할 수도 있겠다 싶다. 다음은 전도서 7장 15절부터 18절까지다.

> 나는 덧없는 세월을 보내면서 세상만사를 다 겪어 보았다. 착한 사람은 착하게 살다가 망하는데 나쁜 사람은 못되게 살면서도 고이 늙어 가더구나. 그러니 너무 착하게 살지 말라. 지나치게 지혜롭게 굴 것도 없다. 그러

다가 망할 이유가 어디 있는가. 그렇다고 너무 악하게 살지도 말라. 어리석게 굴 것도 없다. 그러다가 때도 되기 전에 죽을 까닭이 없지 않는가? 한쪽을 붙잡았다고 다른 쪽을 버리는 것은 좋지 않다.

원래 책 주인은 전도서에 이런 메모를 남겨 두었다.

기를 쓰고 해 봐도 헛되다. 타고난 대로 살자. 모든 것은 때가 있다. 때를 잘 봐라.

내가 가장 좋아하는 전도서 '말씀'은 12장 12절이다.

아들아, 한 가지 더 일러 둘 말이 있다. 책을 쓰려면 한이 없는 것이니, 너무 책에 빠지면 몸에 해롭다.

단기 4293년(1960년) 일문서관에서 펴낸 모윤숙의 『렌의 애가』+ 면지에는 로맹 롤랑의 글이 달필로 적

+ 시인 모윤숙의 친일 행적과 작품에 대해서는 논외로 하고, 『렌의 애가』의 만듦새만 놓고 본다면 1960년대에 나온 책이라고 믿기지 않게 훌륭하다. 붉은 장정에 제목을 돋을새김했다. 1962년 완전히 표지 디자인이 바뀌어 다시 출간되었는데 꽃과 포도 무늬 바탕에 귀부인이 탄 마차가 숲을 달리고 있는 그림으로 장식해 아름답다. 당시 일문서관에서 장정을

혀 있다. 그의 소설 『장 크리스토프』에서 인용한 문장이다.

이 작품은 김창석(1924~2013) 번역으로 국내에 처음 소개됐다. 정음사에서 『쟝 끄리스또흐』라는 제목으로 출간되었는데, 국립중앙도서관 자료실에는 1963년판 『쟝 끄리스또흐 3』만 검색된다. 1, 2권의 정확한 출간 기록은 찾을 수가 없었지만 세 권짜리 책이니 차례대로 출간되었다고 가정하면 시간의 얼개가 맞아 떨어진다. 책 주인이 메모한 해는 시집이 나온 이듬해인 1961년이다. 마지막에 "from f.s Rhee to double 'ng'"라고 적었다. 이 씨 성을 가진 이가 자음 ㅇ(이응)이 두 개 들어가는 이에게 이 시집을 선물로 주었을까? 서로 좋아했거나 사랑했거나 하는 사이라 이니셜만 남겼을까?

메모에서 시작된 의문이 『렌의 애가』에서 『쟝 끄리스또흐』를 번역한 김창석으로 이어졌다. 번역가 김창석은 1977년에 우리나라 최초로 마르셀 프루스트의 『잃어버린 시간을 찾아서』를 완역 출간했다. 『쟝 끄리스또흐』의 정음사 초판이 언제 나왔는지 궁금해, 수소문해서 그의 아들인 김진수 씨의 연락처를 알아내 전화를 드렸다. 1962년이면 어린 시절이라 정확한 기억이 없다

맡았던 분이 누구인지 궁금하다. 박대헌의 『한국 북디자인 100년』 등의 책에서도 일문서관에 대한 언급은 찾을 수 없었다.

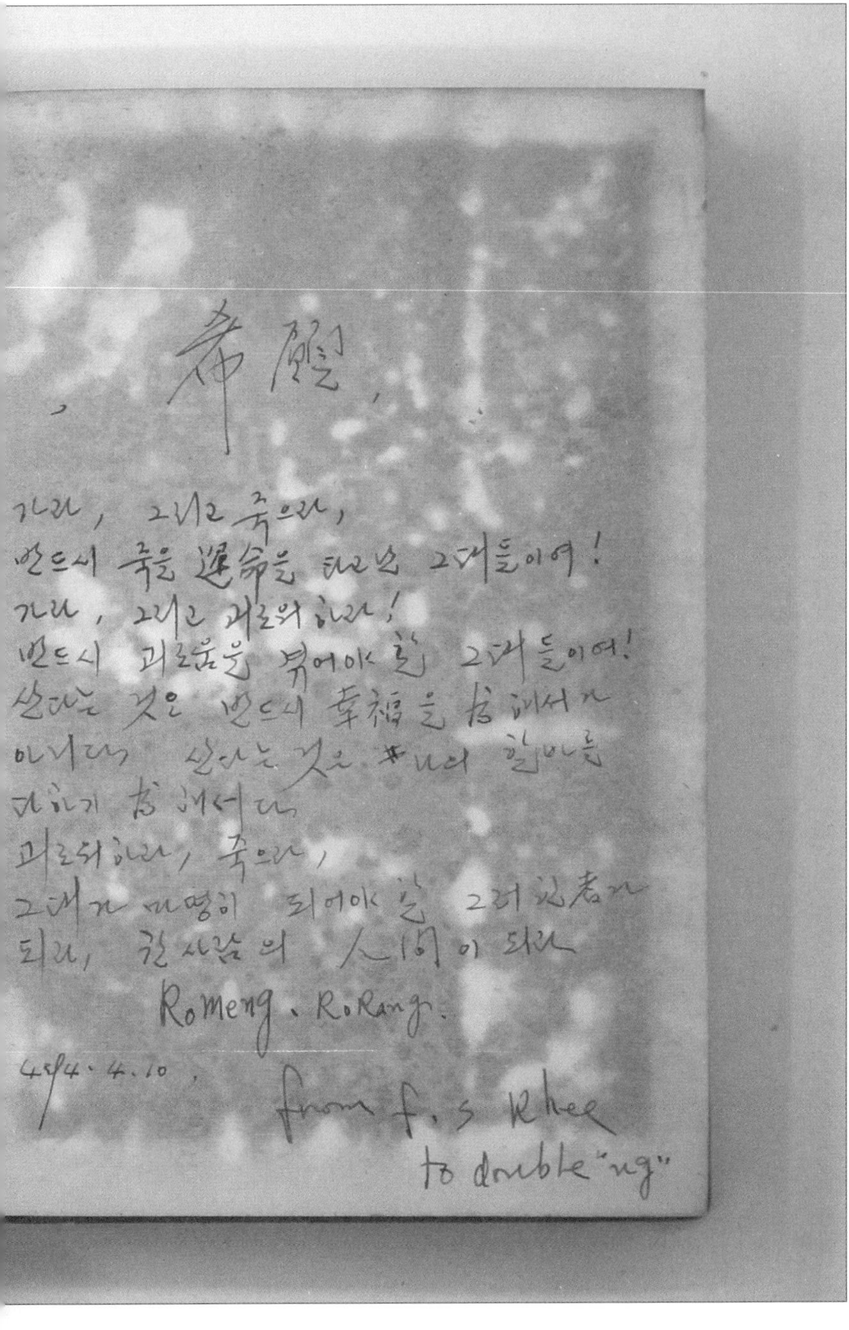

希願,

가라, 그리고 죽으라,
반드시 죽을 運命을 타고난 그대들이여!
가라, 그리고 괴로워하라!
반드시 괴로움을 겪어야 할 그대들이여!
산다는 것은 반드시 幸福을 為해서가
아니다. 산다는 것은 *나의 할 바를
다하기 為해서다
괴로워하라, 죽으라,
그대가 마땅히 되어야 할 그러한 者가
되라, 한 사람의 人間이 되라

Romeng. RoRang.

4294. 4. 10.

from f. s Rhee
to double "ng"

고, 안타깝지만 『쟝 끄리스또흐』 초판본도 보관하고 있지 않노라고 했다. 안타까운 마음이 컸다. 『쟝 끄리스또흐』 첫 번째 권을 찾아 비어 있는 시간의 얼개를 정확히 맞출 날이 오길 바랄 뿐이다.

8

책테크의 행운을 만나는 재미

1999년에 크리스티 경매소에 출품된 마릴린 먼로의 소장품 가운데에는 페이퍼백도 한 묶음 정도 있었다. 그 가운데 에로틱한 책을 전문으로 취급하는 올랭피아 출판사의 책 두 권과, 현대적인 이미지의 삽화를 그린 에드워드 고리가 표지를 디자인한 책 서너 권은 입찰가만 해도 700~900달러로 꽤 높았는데, 바로 그날 4,020달러에 낙찰됐다. 먼로의 서명이 있는 것도 아니고, 그녀가 이 책들을 소장했다는 표시가 있는 것도 아닌데 말이다.

— 존 백스터, 『책 사냥꾼』(서민아 옮김, 동녘, 2006)

'투자의 전설'로 불리는 워런 버핏 버크셔헤서웨이 회장의 지난 10년간(2024년 기준) 연평균 수익률은 10.2퍼센트였다. 연평균 10.2퍼센트의 수익률을 두고 그것밖에 안 되느냐고 할 수도 있겠지만, 10년이면 투자금이 두 배가 되는 놀라운 수치다.

2013년 8월, 말레이시아의 수도 쿠알라룸푸르의 뒷골목을 걷고 있었다. 우연히 헌책방(정크북스토어)을 발견하곤 문을 열고 들어갔다. 책더미 속에서 1984년 마블 사에서 나온 『듄』 만화책을 찾아냈다. 1984년은 원작자 프랭크 허버트가 듄 시리즈의 5부인 『듄의 이단자들』을 발표한 해였다. 그리고 데이비드 린치 감독이 최초로 『듄』을 장편영화로 내놓았다. 이 만화책은 영화의 내용을 그대로 담고 있다. 1965년부터 출간된 『듄』 시리즈는 1985년 6부 『듄의 신전』을 끝으로 마무리된다. 잡지 연재 기간을 포함해 20년 넘게 듄의 장대한 세계관을 창조하고 이야기를 써 내려갔던 프랭크 허버트는 SF계에 많은 업적을 남기고 다음 해 세상을 떠났다.

정크북에서 발견한 『듄』의 가격은 단돈 10링깃(약 3천 원, 출간 당시 정가는 2.95달러)이었고, 배낭 짐을 늘리기는 싫었지만 그를 좋아하는 팬으로서 두고 갈 수가 없었다. 정크북의 2층에서 사랑했던 가수 덩리쥔과

진추하의 도넛판+을 여럿 발견하곤 엄청나게 갈등했지만 결국 『듄』을 선택했다. 배낭 여행자 처지에 전부 가져갈 수는 없는 노릇이다. 이 책의 존재는 드니 뵐뇌브 감독이 연출을 맡은 영화 『듄』이 2021년 개봉을 확정지었을 때에야 다시 기억났다. 어디에 두었는지도 가물가물했던 책을 책방과 서재를 뒤져 겨우 찾아냈다. 다음은 영화가 개봉한다는 소식을 듣고 『듄』을 다시 찾은 날의 기록이다.

> 드니 빌뇌브 감독이 연출을 맡은 영화 『듄』이 올해 개봉 예정. 1965년 프랭크 허버트의 소설이 원작인데 국내엔 풀빛에서 1990년대 초반에 처음 번역 출간되었고 이후 황금가지에서 다시 나왔다. 2013년 말레이시아 여행 중에 쿠알라룸푸르 정크북스토어에서 상태가 괜찮은 1984년 마블코믹스 『듄』을 발견하고 구입했었다. 아예 펴 보지 않은 책이나 표지에 펀칭한 상처가 있다. 책값이 얼마나 되나 아마존에 검색하니 새 책이 791달러, 중고 책값도 최저 35달러에서 272달러까지 다양하다. 분명 영화 제작 소식 이후 값이 올랐을 테다. 중고 책값도 시류에 민감해 원작이 영화화되거나 작가

+ 1분에 45회 회전하는 작은 레코드판. 지름이 170mm, 중심 구멍이 38mm이다. LP보다 연주 시간이 짧아 소작품 녹음에 쓰였다.

> 가 세상을 떠나거나 방송에 소개되거나…… 하면 값이 오르기 마련. 아마 풀빛에서 나온 『듄』 시리즈는 SF 마니아들이 이미 수집을 시작하지 않았을까 싶다.
>
> — 2020년 9월 19일.

영화가 개봉된 이후 이 책은 온라인에서 빠르게 매물이 사라졌다. 상태가 깨끗한 것은 더 빨리 팔리는 듯했다. 만약 국내 사이트에서 판매한다면 얼마가 적당할까, 외국 판매자가 내놓은 책 상태를 보고 가늠해 봤다. 10만 원 정도면 충분히 팔리지 않을까 싶었지만 내놓지는 않았다. 3년 주기로 『듄』 시리즈가 개봉하고 있으니 원작대로 6부까지 만들어진다면 2040년쯤에는 영화가 마무리되지 않을까? 그때쯤이면 이 책의 가격은 얼마나 할까? 보관만 잘 한다면 원래 구입가의 100배 수익을 남길 수 있을지도 모른다. 그래 봐야 30만 원이겠지만.

책방에서 가장 비싸게 팔린 책 중 하나는 이승만 대통령 팔순 기념으로 제작된 『헌수송』獻壽頌이다. 1956년 출간한 이 책은 전국의 내로라하는 인사들이 지어 보낸 이승만 대통령의 팔순 축하 글을 대통령 공보실에서 엮어 서울신문에 제작을 맡긴 것이다. 세월이 무색할 만

큼 보존 상태가 좋았고, 전쟁이 끝난 지 3년밖에 지나지 않았다는 사실을 감안하면 너무나 호화로운 장정이었다. 국민의 살림이 피폐한 때 권력자에게 아부하는 글을 모아 이런 사치스런 책을 만들 수 있나 한숨이 나왔지만 이걸 구입하겠다는 이가 있었다. 판매가격은 12만 원이었다. 이 책은 책방을 열 당시 문을 닫는 다른 책방의 책을 인수하며 가져온 것이다. 5톤 트럭 두 대분의 책을 350만 원에 매입했었다. 트럭에 실린 수천 권 중에 『헌수송』 같은 책이 30권만 있어도 남는 장사였을 테지만, 그런 책이 과연 몇 권이나 됐을까? 잘 모르겠다.

거래의 흔적을 찾을 수가 없어 책값을 정하지 못하는 경우도 있었다. 1975년 진암사에 출간한 『아가리』는 스티븐 스필버그 감독이 28세의 젊은 나이에 연출해 큰 성공을 거둔 영화 『죠스』 원작의 번역본이다. 『죠스』는 1975년 작품이지만 국내에는 1978년에야 상영되었다. 『죠스』가 해외에서 선풍적인 인기를 끌자 출판사에서 국내 개봉 전에 발빠르게 번역해 펴낸 것이리라. 『죠스』는 그해 제48회 아카데미 시상식에서 편집상, 음향상 등을 수상하고 작품상 후보에도 올랐다. 당시까지만 해도 영화 역사상 가장 많은 수익을 벌어들인 최초의 '블록버스터'였다.

진암사는 당시 해외 시장 조사를 열심히 했던 모양인지, 『아가리』를 출간한 이듬해 아쿠타가와 상을 받은 무라카미 류의 데뷔작 『한없이 투명에 가까운 블루』도 펴냈다. 그러나 그 책 때문에 정부로부터 배포 중지 처분에다 출판사 등록 취소까지 당했다. 『한없이 투명에 가까운 블루』가 "극히 음란하고 퇴폐적이어서 공중도덕과 사회윤리를 침해할 우려가 있다"라는 사유였다. 진암사판 『한없이 투명에 가까운 블루』도 꽤 오랫동안 찾아다녔지만 실패했다. 시절을 잘못 만나지만 않았어도 그 회사의 정보 수집력과 출간 속도로 봐서 지금까지도 생존했을지 모른다. 어쩌면 대형 출판사가 되었을 수도.

다시 『아가리』 얘기로 돌아와, 이 책에 대한 소개글을 인터넷에 올린 후 여러 손님에게 구입 문의가 왔다. 얼마를 불러야 하나 고민하다 결국 판매를 포기했다. 지금도 이 책의 적당한 가격을 책정하기 힘들다. 1만 원? 3만 원? 5만 원……? 한 번이라도 사고 팔린 적이 있다면 기준으로 삼을 텐데, 아직도 "이 책은 이러저러해서 이 값은 받아야 해요"라고 딱 부러지게 이야기할 수 있는 안목과 지식이 없으니 이런 책이 나타날 때마다 망설인

다. TV 시리즈 『전당포 사나이들』Pawn Stars+에서 희귀 도서가 나타날 때마다 등장하는 리베카 롬니 같은 전문가가 국내에도 분명 계실 듯한데 언젠가 그를 만난다면 그때 책값을 정하는 걸로.

오래전엔 헌책방 책방지기 마음대로 책값을 부를 수 있었지만 현재는 『아가리』 같은 책을 제외하곤 거의 불가능하다. 누구나 중고책의 '시중가'를 검색할 수 있다. 교보, 예스24, 알라딘 등의 서점이 모두 중고책을 팔고, 헌책방의 판매가격을 비교해 주는 사이트++도 있어서 터무니없는 값은 부를 수 없다. 코베이(www.kobay.co.kr) 같은 경매 사이트에 올라온 책들을 보며 감을 익히기도 한다. 예를 들면 책방에 재고가 있는 1958년 정음사에서 펴낸 김대현 시인의 『옥피리』 초판본은 서정주 시인이 제목 글씨를 썼다. 당시 정음사에서 펴낸 책들이 그렇듯 고졸하고 단아한 멋이 있다. 이 책이 마침 경매에 올라와 있어 낙찰가가 얼마나 될지 주의 깊게 살펴보는 중이다. 손님이 매입가나 판매가를 검색해 보고 오는 경우도 있으니 오해를 사지 않기 위해서라도 책값

+ 다큐멘터리 전문 방송국인 '히스토리 채널'에서 제작한 리얼리티 쇼 프로그램으로, 2009년 방영을 시작해 2023년까지 20시즌이 제작될 정도로 장수했다. 국내에서도 인기리에 방영 중이다.

++ 주로 북아일랜드(www.bookisland.co.kr)를 이용한다.

을 알아 두어야 한다. 헌책도 수요와 공급의 법칙에 의해 보이지 않는 손이 시가를 만든다.

헌책방을 운영하니 당연히 책을 매입하지만, 문의 전화가 오면 인문·예술·역사·과학 분야의 책만 받는다 말씀드린다. 과장을 조금 보태 손님 중 열에 아홉은 이런 책들을 팔려고 한다. 괄호 속은 나의 속마음이다.

"아이들이 안 보는 전집이 있는데요." (네, 다른 아이들도 보지 않을 겁니다.)
"공무원 수험서인데 시험이 끝나서 팔고 싶어요." (당근마켓에 올리는 편이 나아요.)
"아버지께서 보시던 문학 전집이 있는데 가져가실 수 있나요." (책방에 있는 문학 전집도 정리하고 싶어요.)
"정말 깨끗한 백과사전을 내놓고 싶은데요." (슬프지만 아무도 찾지 않습니다.)

사실 헌책방에 팔고 싶지 않은 책이야말로 다른 이도 구입하고 싶어 하는 책이며 책테크 성공 가능성이 높다. 빨리 정리하고 싶은 책은 다른 이에게도 거추장스러운 물건일 수밖에 없다. 누구나 책값을 검색하고 판매자

가 될 수 있는 시절에 가만히 앉아 손님을 기다리거나 온라인으로 책을 홍보하지도 않고 이런 전화만 받고 있어선 곤란하다. 이런 시절에 헌책방 책방지기 노릇을 하고 있으니 답답하지만 어쩌겠나. 세상일이 모두 내 마음 같을 수는 없으니.

이렇게 답답한 처지지만 가뭄에 콩나듯 책테크에 성공하는 책들이 나오기도 한다. 그런 책들 대부분은 책방지기로서가 아니라 헌책방을 자주 드나들던 독서인 시절에 구입한 것이다. 아무런 욕심 없이, 그저 책더미에 묻혀 있던 책을 가져와 먼지를 털고 제대로 꽂아 주고 싶은 마음뿐이었다. 그래서 책을 사고 싶다는 사람이 나타나도 항상 내주길 망설이는 듯싶다.

9

서점과 도서관을 찾아 여행하는 재미

The world is a book people who don't travel only get to read one page.(길 떠나지 않는 이에겐 세상은 한 페이지 읽다 만 책일 뿐.)

—캄보디아 프놈펜 디즈북스D's Books 벽에 걸려 있던 성 아우구스티누스의 명언

책방을 열기 전 포르투갈의 렐루서점까지 육로로 서점과 도서관을 찾아 여행할 계획을 세웠다. 책방을 하려면 먼저 해외의 이름난 서점들을 보고 견문을 넓히고 와야 할 것 같은 자격지심이 있었다. 서점 여행에 영감을 주었

던 책은 가와나리 요가 편저를 맡은 『세계의 고서점』이었다. 이 계획을 위해 무리해서 3년짜리 적금을 들었고, 만기를 몇 달 앞두고 더는 기다릴 수 없어 앞뒤 계산도 없이 적금을 깨고 여행을 떠났다. 2013년 2월이었다.

아시아와 유럽의 서점과 도서관을 돌아보고 안목을 길러 헌책방을 열겠다는 이 원대한 계획은 절반은 성공했고 절반은 실패로 돌아갔다. 책방을 차리는 데까진 어떻게 성공했으나 여행하며 보았던 서점과 도서관 들이 가진 매력을 내 책방에 재현해 낼 능력은 없었다. 목적지로 삼았던 렐루서점까지는 가지도 못하고 싱가폴에서 멈춰야 했고. 그래도 서점과 도서관을 찾아다닌 그 일곱 달은 책방지기의 삶에 넉넉한 자양분이 됐다.

방콕에 있는 다사북카페는 내 머릿속 '책방의 이데아'와도 같았다. 좁고 긴 3층 건물을 통째로 쓰는 헌책방이었는데, 이런 공간을 얻을 수만 있다면 까짓거 빚을 져도 괜찮겠다는 위험한 생각을 하기도 했다. 그날(2013년 7월 16일) 썼던 일기다.

> 다사북카페는 너무나 멋진 헌책방이었다. 좁고 긴 낡은 3층 건물이 모두 책으로 채워져 있었다(내가 생각

하는 이상적인 책방 모습이었다). 1층에는 테이블 하나만 놓여 있고 몇 가지 음료수를 팔았다. 삐거덕 소리를 내는 나선형 계단을 밟고 올라가며 "아~ 정말 멋진 곳이구나" 감탄했다. 이리저리 서가를 살펴보다 싼값에 나와 있는 30년 동안 뉴욕현대미술관의 큐레이터와 디렉터로 일하며 사진계에 큰 영향을 미쳤던 존 자코우스키John Szarkowski의 저서 『지금까지의 사진』Photography Until Now을 발견하곤 속으로 '심봤다'를 외쳤다. 그것도 잠시, 계산하고 가방 속에 넣으며 '짐을 늘리지 않겠다'는 다짐을 깬 것을 자책했다. 그 책 외에도 아기자기한 방콕 지도 한 장도 샀고, 사진가 벤 데이비스Ben Davies가 태국에서 작업한 『영과 함께 살기』Living With Spirits까지 가방에 넣었으니 참으로 대책없다.

다사북카페는 꼭 책방지기가 아니더라도 책을 좋아하는 장서가라면 한 번쯤 꿈꾸었을 법한 좁고 길고 천장이 높은 직사각형 공간이었다. 나도 책을 최대한 많이 꽂을 수 있고 안쪽에 몸을 숨길 수 있는 동굴 같은 헌책방을 꿈꾸었건만 실패했다. 한 번으로 끝난 것이 아니라 모두 네 번이나. 그럼에도 버티고 있으니 절반의 성공,

절반의 실패라고 할 수밖에.

다사북카페가 마음에 든 것은 주변 환경 때문이기도 했다. 바로 곁의 엠포리움(백화점과 문화 공간이 있는 큰 빌딩) 건물에는 키노쿠니야, 아시아북스, 도쿄도북스까지 서점이 세 곳이나 되고 예술서 전문 도서관이 있는 TCDC(Thailand Creative & Design Center)까지 자리 잡고 있었다. 책을 좋아하는 사람이라면 하루 내내 재밌게 놀 수 있는 곳이다. 싱가폴에도 지하철이 연결된 백화점 건물에 공공도서관이 있었는데, 사람들이 쉽게 갈 수 있는 곳에 마련된 도서관이야말로 바람직하다는 걸 그때 깨달았다.

그 여행에서 또 꼽고 싶은 아름다운 책방은 중국 윈난성 다리시에 있는 돌핀 아더 북스Dolphin Ade Books이다. 다리시에서 머무른 사흘 동안 얼하이 호숫가에서 시간을 보내다 돌핀 아더 북스에서 커피를 마시며 그 지역 작가들의 작품을 구경했다. 칭다오에서 허커우까지 여행하며 꽤 많은 서점을 둘러보았지만 이보다 아담하고 평화로운 곳은 없었다.

당시 여행하며 만난 사람들에게 돌아가서 헌책방을 열 계획이라고 이야기하면 "정말 멋지다"라며 세워

드는 엄지와 함께 "돈 벌기는 힘들겠다"는 반응이 덧붙었다. 집에서도 연락이 왔다. 이제 그만 돌아오라고. 3년 동안 준비한 이 첫 번째 여행은 인도 캘커타의 세계에서 가장 큰 헌책 시장으로 떠나기 직전 결국 멈출 수밖에 없었다.

책방을 연 이듬해 125cc 스쿠터를 구입했다. 원래는 출퇴근 용도였지만, 강원도 고성군 서울서점부터 제주도 종달리에 있던 소심한책방까지 전국 책방 일주도 했다. 살고 있는 진주를 벗어나면 어느 지역이든 그곳 서점을 가장 먼저 검색해 본다. '2024년 지역서점 실태조사'에 따르면 기초지자체 내에 서점이 단 한 곳도 없는 '지역서점 소멸 지역'은 모두 6곳+이다. 앞으로 사람도 서점도 사라져 가는 곳이 점점 늘 것이다. 반갑게 인사 나누었던 곳이 문을 닫는다는 소식이 전해지면 안타깝다. 같은 골목길에 있던 100미터 거리의 조이북슈퍼도 문을 닫았고, 손님이 책 읽는 풍경이 아름다워 사진에 담았던 제주 모슬포 이듬해봄도 이제는 없다. 2014년 3월 27일 전남 완도읍 국제서림을 찾아갔을 땐 문에 붙은 폐업 안내문을 읽고 쓸쓸해했다.

+ 전북 임실군과 순창군, 경북 청송군, 봉화군, 울릉군, 경남 의령군.

저희 국제서림은 1972년 2월 13일 개점한 이래 40여 년 동안 여러분의 뜨거운 사랑을 받아 왔습니다. 하오나 2013년 12월 30일 자로 정겨운 국제서림의 업무를 정리하고자 합니다. 그동안 성원해 주신 모든 분들께 진심으로 감사드립니다.

만약 국제서림이 문을 닫지 않았다면 역사가 50년이 넘었을 것이다. 우리나라에, 서울 아닌 지역에서 50년 넘는 역사를 가진 서점이 몇 곳이나 될까. 문 닫힌 서점 안에는 수십 년간 책을 품던 손때 묻은 원목 책꽂이들이 그대로 있었다. 완도군립도서관 바로 아래, 책을 좋아하는 사람들이 다니는 길목이었을 텐데도 더는 문을 열어 둘 수 없었던 건 그만큼 책을 읽는 사람이, 전체 인구가 줄었기 때문이리라.

국제서림을 찾았던 그해, 일본 홋카이도 작은 시골 마을의 이와타 서점에 대한 기사[+]를 읽었다. 인구 1만 8천 명에 불과한 스나가와시에 있는 이와타 서점이 '일만선서' 서비스로 입소문을 타고 인기를 끈다는 내용이었다. 직접 이와타 서점에 가 보고 싶어 1년 동안 여행 준비를 하고 2015년 여름이 끝나 갈 무렵 중고 오토바

+ 『중앙일보』, 2014년 10월 15일 자, 「"책 1만 엔어치 골라 주세요" 주문 몰리는 시골책방」

이를 사서 책방 여행을 떠났다. 규슈부터 홋카이도까지 이와타 서점을 반환점으로 삼아 서점과 도서관을 찾아다녔다. 인구 5만 명이 안 되는 도시인데도 한해 방문객이 100만 명이 넘는다는 다케오 시립도서관도 그때 직접 눈으로 확인했다. 세계의 아름다운 서점 10곳 중 하나로 꼽힌 교토의 게이분샤와 도쿄의 '핫플' 중 한 곳인 다이칸야마 츠타야도 갔다.

가장 기억에 남는 건 이와타 서점 계산대 뒤쪽에 가지런하게 정리되어 있던 일만선서 이용자들의 독서 취향을 꼼꼼하게 묻는 설문지였다. 일만선서의 성공을 일군 핵심은 '당신에게는 이런 책이 필요하다'고 정확하게 알려 주는 설문조사였다. 주민들이 낸 1만 엔이라는 책값보다 더 많은 가치를 돌려주었기에, 이와타 서점은 생존을 넘어 지역에 밀착될 수 있었다.+ 값진 교훈을 얻고 돌아왔지만 '일만선서'를 헌책방에서 진행해 볼 엄두를 내지는 못했다(만약 시간을 되돌릴 수 있다면 헌책방이 아닌 새 책을 파는 서점을 열고 싶다).

지난번 여행에서 결국 가 보지 못했던 렐루서점이 내내 머릿속을 떠나지 않았다. 이와타 서점을 다녀온 뒤, 다시 렐루서점까지의 육로 여행 준비를 시작했다. 인도

+ 이때 책방 여행을 하며 썼던 일기를 바탕으로 『오토바이로, 일본 책방』을 펴냈다.

캘커타 헌책 시장에서 다시 시작하는 것이 아니라, 경로를 바꿔 오토바이로 유라시아를 횡단해 렐루서점까지 가는 걸로 계획을 잡았다. 준비 기간만 3년, 여행 경비를 저축하고 오토바이 수리 기술을 배우고[+] 대륙횡단에 필요한 지식을 공부했다. 2019년 5월 11일 집을 떠나 딱 51일만에 유라시아를 횡단해 렐루서점에 도착했다. 이르쿠츠크의 북박스, 프라하의 셰익스피어 앤드 손스, 니스의 소르본 헌책방, 파리의 셰익스피어 앤드 컴퍼니, 암스테르담의 멘도서점 등등 도시마다 서점을 찾았다. 하지만…… 그렇게도 보고 싶던 렐루서점 앞에 다다랐을 땐 들어가지 않았다. 그날(2019년 7월 1일)의 기록이다.

드디어 포르투 렐루서점 앞에 섰다. 정확히는 겉만 보고 왔다. 입장료를 내고 들어가야 한다는 건 들어서 알고 있었지만 많은 사람들이 길게 줄을 서서 기다리고 있는 모습을 보고 포기했다. 구경하고 나온 손님들만큼 입장할 수 있다. 근처에서 잠시 시간을 보내고 왔는데도 줄은 그대로였다. 렐루서점은 책을 파는 서점이라기보다 관광명소라고 해야겠다. 오랜 시간 이곳에 오

+ 지금은 폐교된 성수공업고등학교에서 일반 시민을 대상으로 오토바이 수리 기술을 알려 주는 프로그램이 있었다.

길 바랐는데 막상 마주하고 보니 책과 오랜 역사를 품은 공간이 구경거리가 되어 버린 듯하여 아쉬운 마음이 크다. 하지만 어떤 방식으로든 서점이 자리를 지키고 살아남는 게 더 중요하다 생각한다. 사라지는 것보다 무슨 수를 써서라도, 옛 역할을 할 수 없더라도 간판을 내리지 않는 게 낫지 않나. 돌아가면 다시 책방 문을 열어야 한다. 지금까지 그래 왔던 것처럼 딱 지치지 않을 만큼 에너지를 쓰며 버틸 생각이다.

그토록 보고 싶었던 서점이 내 상상과 달라서 실망이 컸다. 서점에 들어간 사람들이 기념품이 아닌 책을 사서 나오길 바랐다. 그래도 돌아와서는 렐루서점에 들어가지 않은 것을 조금 후회했다. 언젠가 다시 갈 기회가 분명 있을 테고, 누그러진 마음으로 렐루서점의 아름다움을 담아 올 수 있을 것이다.

멀고 먼 서점을 찾아 또다시 여행을 떠날 꿈을 꾼다(아르헨티나 부에노스아이레스의 엘 아테네오 서점에 가 보고 싶다!). 독자 여러분도 여행지의 도서관과 오래된 서점을 찾아 매력을 느껴 보시길 추천한다. 꼭 책도 한 권 구입하길. 미셸 옹프레의 말을 기억하자.

LELLO & IRMÃO

SALDOS

여행은 도서관에서 시작된다. 혹은 서점에서 시작될 수도 있다. 신비하게도 여행에 대한 욕망은 우리 몸속에 이미 자리잡고 있던 여러 가지 이유들 때문에 우리 내면에서 점점 커지게 된다. 그러다가 방랑 생활이 시작되면 우리는 목적지를 선택하고 현실화하고 구체화하는 데 도움이 되는 책들, 지도, 소설, 시가 쌓여 있는 책장을 찾게 된다. (……) 독서는 일종의 시작 의식과도 같다. 독서는 이교도의 신비를 밝혀 준다. 욕구가 점점 커질수록 한층 정제되고 세련되고 독창적인 기쁨을 맛볼 수 있다. 인위적이거나 문화적인 환희를 경험할 수 있으려면 자연스러운 욕구가 넘쳐흘러야 하고, 그럴 수 있을 때 비로소 관능적인 여행이 가능해진다.

— 미셸 옹프레, 『철학자의 여행법』(강현주 옮김, 세상의모든길들, 2013)

10

작가와 만나는 재미

그렇다면 작가를 어떻게 대하는 것이 좋을까? 우리가 읽지 않은 책의 저자와 만나는 경우, 즉 책을 쓴 장본인이므로 책을 잘 알 것으로 여겨지는 저자와 만나는 경우가 우리로서는 가장 곤란할 것 같지만, 사실 그것은 지금까지 우리가 살펴본 것처럼 다른 어떤 경우보다도 더 단순할 경우일 수 있다.

— 피에르 바야르, 『읽지 않은 책에 대해 말하는 법』
(김병욱 옮김, 여름언덕, 2008)

2025년 6월 이영도 작가의 『피를 마시는 새』가 출간 20주년 특별한정판으로 나왔다는 소식을 들었다. 타임머신을 탄 것처럼 20년 전 기억이 떠올랐다. 2005년

7월 21일 오후 강남고속버스터미널 경부선 출입구 쪽 벤치에서 이영도 작가를 만났다. 1998년 발표 이후 100만 부 넘게 팔린 『드래곤 라자』의 이영도 작가와 만난다니! 출판사에 공식 요청한 인터뷰이긴 해도 팬과 작가의 개인적인 만남에 가까웠다.

1990년대가 끝나갈 무렵 국내에는 판타지 소설 붐이 불었고 이영도의 『드래곤 라자』와 함께 이우혁의 『퇴마록』, 전동조의 『묵향』이 메가 히트했다. PC통신에 연재되었던 작품들이 책으로 출간되어 독자들을 사로잡던 시기였다. 먹고 살기 팍팍하던 IMF 구제금융의 늪을 조금씩 벗어나며 책 읽는 분위기가 조금씩 살아났다. 그 중심에 국내 판타지 작가들이 있었다. 베스트셀러 작가임에도 이영도는 마산 무학산 자락에 칩거 중이었고 공개 석상에는 거의 모습을 드러내지 않았다. 그런 작가를 만날 수 있는 기회를 얻었으니 팬으로서 떨릴 수밖에. 고고한 내공으로 상대를 압도하는 이가 아닐까 상상하며 나갔으나 이영도 작가는 옆집 형님 같은 털털함으로 인사를 건넸다. 굳이 카페나 실내가 아닌 야외 벤치에서 만나자고 한 이유도 단순했다. 연초를 태우며 편하게 이야기를 나누고 싶어서다. 인터뷰할 때 이영도는 자신을

'작가'가 아니라 키보드를 두드리는 '타자'로 불러 달라고 했다.

> 판타지를 좋아하니까 판타지 소설가로 불리는 건 상관없지만 질문에서부터 구분하지 말았으면 좋겠습니다. 그리고 나에게는 작가라는 표현은 어울리지 않습니다. 지금까지 키보드를 두드려 글을 써왔기 때문에 '타자'打者라는 말이 더 편합니다. 글로 그려내고 싶은 주제는 단 한 가지 '인간'입니다. 인간을 담는 데 여러 가지 도구가 있다면 나는 판타지라는 도구를 선택한 것입니다. 순문학이든 SF든 판타지든 그것은 정말 도구의 문제일 뿐입니다.+

내게 주어진 인터뷰 시간은 딱 한 시간이었다. 사랑하는 작가와의 만남이건만 너무 짧았다. 궁금한 것이 많았지만 쫓기듯 인터뷰를 끝내야 했다. 인터뷰를 정리하고 기사를 쓰면서도 시간이 조금만 넉넉했으면 좋았을 걸 하는 아쉬움을 어쩌지 못했다.

번역가 김석희를 만난 건 시오노 나나미의 『로마인 이야기』 15권의 번역을 마친 직후(2007년 2월 13일)였

+ 『오마이뉴스』 2005년 7월 25일 자, 「"작가라는 말보다 '타자(打者)'라는 말이 편해"」

다. 파주 헤이리 북하우스에서 열린 『로마인 이야기』 완간 축하 행사 사진 촬영을 위해 취재기자와 동행했다. 당시 김석희 선생을 인터뷰한 이는 『빛의 속도로 이해하는 상대성 이론』 등 여러 과학책을 쓰고 번역하는 건국대 상허교양대학 이종필 교수다. 사진 찍는 일보다 『로마인 이야기』를 어떻게 기획했고 독자에게 큰 인기를 끌게 되었는지, 그동안 알려지지 않았던 이야기를 듣는 재미에 시간 가는 줄 몰랐다.

10년 넘게 『로마인 이야기』를 붙들고 번역을 끝낸 김석희 선생은 "임페라토르 카이사르를 따라 갈리아 전선을 누비다가 전쟁이 끝나서는 시골에 정착한 한 로마 병사 같다"라고 했다. 선생이 쓴 『북 마니아를 위한 에필로그 60』에는 조지 스타이너의 『톨스토이냐 도스토예프스키냐』부터 로즈메리 올티의 『영매』까지 직접 번역한 작품에 대한 후기가 실려 있다. 이 책의 첫 장에는 이렇게 쓰여 있다. 10년 동안 한 작품을 놓고 고통 속의 쾌락을 즐긴다는 건 어떤 느낌일지 상상하기 힘들다.

> 번역은 장미밭에서 춤추기, 즉 고통 속의 쾌락입니다. 만약 이것이 없다면 번역은 하나의 메커니즘에 불과할

것이고, 그랬다면 나는 얼마든지 다른 길을 찾았을지도 모릅니다.

취재가 끝나고 꽤 시간이 흐른 후 김석희 선생을 다시 뵐 기회가 있었다. 촬영한 사진을 보내드릴 때 언제 기회가 되면 다시 보자고 했던 약속을 지키신 것이다. 마포에 있는 어느 삼겹살집에서 그를 만났다. 시인이자 번역가인 김정환 선생도 계셨기에, 나로선 너무나 행복한 자리였다. 김석희 선생은 가방에서 자신이 번역한 쥘 베른의 『해저 2만 리』를 선물이라며 꺼내 건네 주셨다. 열림원에서 나온 쥘 베른 시리즈는 몇 번 표지 디자인이 바뀌었지만 빨간 표지를 가진 2007년판이 가장 마음에 든다. 번역자에게 직접 받아서 더 각별한 것인지도 모르겠다.

> "너는 바다 속 깊은 곳을 거닐어본 적이 있느냐?"는 질문에 그렇다고 대답할 권리가 있는 것은 모든 인류 가운데 오직 두 사람, 네모 선장과 나뿐이다.
>
> — 쥘 베른, 『해저 2만 리 2』(김석희 옮김, 열림원, 2007)

이 책을 쓰기 한 달쯤 전인 2025년 7월, 임수현 작가와 통화했다. 그는 『이빨을 뽑으면 결혼하겠다고 말하세요』와 『태풍소년』을 썼다. 책방을 운영하며 작가와 독자를 연결하는 행사를 여럿 기획했고, 2018년에는 '임수현 작가에게 듣는 소설의 도입부'라는 강연을 열었다. 소설가는 어떻게 도입부를 구상하고 글로 옮기는지 궁금했다. 어떻게 관찰하고 느껴야 『태풍소년』 같은 아름다운 도입부가 나올 수 있는지 이야기를 들어 보고 싶었다.

> 소년은 태풍을 따라왔다.
> 지난밤 휘몰아친 개천가에 남아 있는 전봇대 세 주와 버드나무 다섯 그루를 쓰러뜨렸다. 큰바람은 멎었지만 하늘이 어둑어둑해지면서 비를 다시 흩뿌리기 시작했다. 앵두씨처럼 굵은 빗방울이었다. 후드득, 듣는 소리에 창턱으로 걸어가면 빗발은 멈칫거렸고, 돌아서면 숨을 자리를 찾는 발걸음처럼 성급해졌다. 비는 경계심이 많은, 젖고 버려진 동물 같았다. 그러니까. 소년처럼.
>
> — 임수현, 『태풍소년』(문학과지성사, 2012)

그는 경남 하동이 고향이고, 진주와도 인연이 많았기에 섭외가 어렵지 않았다. 책방에서 손바닥 소설 쓰기 모임 회원들이 참여해 그의 비법을 전수받았다.

강연이 끝나고 7년 동안 잊고 지냈다. 그사이 서로 소식을 주고받은 적이 있나 아무리 기억을 되새겨 보아도 생각이 나질 않았다. 그런데 어느 날 절판된 책을 찾고 있다며 지인에게서 전화가 왔다. 책을 찾으면 자신이 불러주는 주소로 보내 달란다. 주소는 서울, 책을 받을 사람은 임수현. 그 일로 임수현 작가와 다시 연락이 닿았다. 서로의 안부와, 소설을 쓰기도 팔기도 어렵다는 이야기를 나누었다. 언제 진주에 내려올 일이 있으면 같이 밥 한 끼 먹자고 했다. 아주 짧게 이야기를 나눈 듯했는데 거의 한 시간이나 전화를 붙잡고 있었다. 지난 잊고 지냈던 7년을 조금 메꿔 준 한 시간이었다.

> 만년필 잉크가 번지지 않는 독서 카드를 동백문구점에서 만들어 주시면 안 되나요.

『어쩌다, 문구점 아저씨』의 저자 유한빈 작가에게 졸랐다. 동백문구점을 운영하며, '펜크래프트'라는 닉

네임에 걸맞게 펜글씨와 관련된 여러 책을 낸 그를 진주문구연구회+에서 초대해 2024년 7월 진주문고에서 손글씨 워크숍을 열었다. 유한빈 작가를 처음 만난 것은 2022년 충무아트홀에서 열린 펜쇼였다. 유튜브와 책으로만 보았던 작가를 직접 만나다니! 진주로 꼭 초대하고 싶다고 했고, 2년이 지나서야 그 약속을 지킬 수 있었다.

워크숍은 진주문구연구회 회원뿐만 아니라 유한빈 작가의 팬과 시민 들까지 참여해 성황리에 끝났다. 그후로도 몇 번이나 유한빈 작가가 진주를 찾아 주어 이젠 편하게 연락을 주고받는 사이가 됐다. 펜과 종이를 좋아하다 보니 그 분야의 책을 쓴 작가들이 가까운 곳에 온다고 하면 어떻게든 참석해 궁금한 것을 묻고 이야기를 들으려 노력한다. 『제 만년필 좀 살려주시겠습니까?』의 '펜닥터' 김덕래 작가를 만나기 위해서는 대구까지 가서 강연을 들었고 진주로도 초대했다.

『종이 위의 산책자』의 양철주 선생은 부산 헨리의 서재++까지 찾아가서 프루스트의 『잃어버린 시간』 전체(13권)를 연필로 필사한 이야기를 들었다. 선생이 자

+ 진주문구연구회는 한 달에 한 번 정기적으로 진주에서 가장 오래된 커피 가게 다원에서 모임을 갖는다. 필사와 문구를 좋아하는 신입 회원은 언제나 환영한다.

++ 부산 해운대구에 있는 독립서점이었으나 2004년 문을 닫았다.

신이 사용하는 연필과 필통을 보여 주며 즐거워하시던 모습이 선명하다. 같은 방향을 바라보고 있는 사람들을 만나 이야기 나누는 일은 언제나 즐겁다. 이것이 양철주 선생이 필사를 하는 이유다. 작가를 직접 만나는 재미를 가질 수 없다면 필사라도 하는 수밖에 없다.

> 필사는 무엇을 창조하려 함이 아닌 작품의 곱씹음 혹은 작가에 대한 사랑 고백이다.
>
> — 양철주, 『종이 위의 산책자』(구름의시간, 2022)

마지막으로 기억하고 싶은 작가가 있다. 『실크로드의 땅, 중앙아시아의 평원에서』, 『바오밥나무와 여우원숭이』, 『오래된 길, 우즈베키스탄을 걷다』 등 세 권의 책을 쓴 김준희 작가다. 굳이 세 권 모두 제목을 적는 이유는 이제 김준희 작가를 만날 수 없기 때문이다. 제목이라도 누군가가 읽어 주길 바라는 마음이다. 소프트웨어 엔지니어였던 그는 오로지 여행하고 글을 쓰기 위해 직장도 그만두었다. 책을 내기 전부터 알고 지내던 사이라 가끔 만나 술잔을 기울였다. 나보다 세 살 많은 그는 나와 지향하는 삶이 비슷했고 죽이 잘 맞았다. 김준희 작가가 직장을 그만두고 실크로드를 하염없이 걷던 것이 2005년이다. 2009년에 나온 『오래된 길, 우즈베키스탄을 걷다』를 쓸 땐 41일 동안 1,200킬로미터를 걸었다. 그렇게 하나씩 자신이 꿈꾸던 여행을 하던 그의 세 번째 책이 나왔을 때 나는 "고향에 내려가서 책방을 열겠다"라고 했고, 그는 "책이 팔리지 않아 걱정"이라고 했다.

마지막 만남 이후 얼마 지나지 않아 그의 전화번호로 메시지가 왔다. 본인의 부고였다. 작가는 떠나도 책은 남는다지만, 그 책들도 이제 절판되어 구하기가 어렵다. 그가 건넨 책은 여태 내 책꽂이의 붙박이이다. 그와 만날 때마다 항상 멀리 떠나는 이야기만 했었다. 이제 그는 돌아올 수 없는 곳으로 떠났고, 나는 책방을 지키는 중이다.

11

서평 쓰는 재미

서평은 독자에게 별로 참고가 되지 않고, 믿을 수도 없습니다. 그 정도라고 생각해 두는 편이 좋을 겁니다.

— 이현우, 『책을 읽을 자유』(현암사, 2010)

독서는 서평+으로 완성된다. 그냥 읽는 것과 읽은 후 서평을 남기는 것은 차원이 다르다. 읽은 후 책의 내용을 다시 한번 정리하고 감상과 평을 남기는 것이야말로 가장 수준 높은 독서다. 마음에 드는 문장이나 책의 일부분을 따로 정리해 두기만 해도 많은 도움이 되겠지만, 굳이 단계를 나눈다면 그쯤에서 멈추는 것은 중급 정도다. 읽

+ 이 글에선 서평을 독후감을 포함한 넓은 의미로 썼다.

은 책을 다른 독자에게 소개하려고 쓰는 서평은 이보다 정성이 더 들어간다. 내가 읽은 책을 다른 이가 찾아보게 만들 정도로 좋은 서평을 썼다면, 이미 높은 수준의 독자다.

독후감이 개인의 감상문에 가깝다면 서평은 독자를 염두에 두고 쓰는 글이다. 이원석 서평가는 『서평 쓰는 법』에서 "독후감이 독백이라면, 서평은 대화"라고 설명했다. 독후감을 쓸지, 서평을 쓸지는 선택에 달렸지만 처음부터 정밀한 서평을 쓴다는 건 불가능에 가깝다. 읽는 책 전부 서평을 쓸 수도 없는 노릇이니, 짧게라도 독후감을 남기는 습관을 들이자. 그렇게 계속 폭을 넓혀 가며 책을 읽다 보면, 깊이를 헤아리기 어려운 노 학자의 연구서든 재기발랄한 젊은 작가의 데뷔작이든 다른 이에게 소개하고 싶은 때가 오고, 자연스레 수준 높은 서평에 도전하는 자신의 모습을 발견할 것이다.

> 서평은 서평에서 다룬 책에 대한 성찰을 전달합니다. 서평을 쓰는 이의 사유가 서평을 통해 공유됩니다. 이러한 공유는 대화적이지요. 누군가가 내가 쓴 서평을 읽는다고 끝이 아닙니다. 책에 대한 그의 반응이 서평

을 읽기 전과 읽은 후가 동일하다면, 그 서평은 실패한 셈입니다. 성공한 서평은 어떤 것일까요? 서평을 쓴 사람이 의도한 반응이 있어야 합니다. 보통 의도하는 반응은 서평의 독자가 책을 읽는 겁니다.

— 이원석, 『서평 쓰는 법』(유유, 2016)

서평이 훌륭하다면 다른 사람도 내가 읽은 책의 독자로 만들 수 있다. 훌륭한 서평이 되려면 몇 가지 요건을 갖춰야 한다. 책의 주제와 저자의 의도를 먼저 파악하고 핵심을 간결하게 요약해야 한다. 장단점을 찾아내고 자신의 해석과 시각을 덧붙이는 작업도 필요하다. 또한 시의성이 있어야 한다. 읽은 작품이 고전이라고 해도 서평은 현실에서 발을 빼지 않고 '지금' 나의 입장에서 풀어가야 한다. 원전보다 쉽고 간결한 글로 독자에게 다가가야 하는 것은 물론이다. 책에 대한 이해력과 독자에 대한 설득력이 조화롭게 균형을 이루면 훌륭한 서평이라 할 수 있다.

한사코 외롭지 않으려 달아날 것이 아니라 외로움 앞에 의연히 마주섰을 때라야만 비로소 스스로와 제대로 만나 내면의 목소리에 귀를 기울일 수 있을 테다. 역설적이지만, 그렇게 스스로와의 대화에 집중하는 '외로운' 시간을 더 자주 더 깊이 가질수록 덜 외로워질 수 있을 게다. 아니 이 말은 정확하지 않다. 어떻게 해도 외로움은 그 자리에 있으며 결코 덜해지지 않을지도 모른다. 그러나 그런 건 아무래도 상관없어진다고 하는 편이 더 적절할 게다. 설령 외로움이 조금도 덜해지지 않더라도 훨씬 견딜 만한 것이, 나아가 심지어 가깝게 느껴지는 것이 될 수도 있다는 것이다.

김현진 작가의 『우리는 예쁨 받으려고 태어난 게 아니다』를 읽고 변정수 출판평론가가 잡지 『작은책』 2018년 9월호에 실었던 서평 일부다. 서평을 읽고 바로 책을 구입했다. 변정수의 글은 김현진이 단순히 여성이 처한 부조리에 항의하는 것이 아니라 더 나아가 사람과 사람 사이의 관계와 자존에 대한 이야기를 하고 싶었던 것이라며 독서의 길잡이 역할을 했다. "자신과 대화할 줄 모르면서 다른 사람과 제대로 관계를 맺는 사람을 본 적도 없고, 스스로를 온전히 존중하지 못하면서 다른 사람을 존중하거나 다른 사람에게 존중받는 사람을 본 적

도 없다"라는 서평의 한 문장이 이 책을 읽는 내내 내 마음에 등불을 켜 주었다. 작가가 말하는 상황에서 나라면 어떻게 할지, 나는 누군가와 제대로 소통하고 관계를 맺는 사람인지 고민했다. 훌륭한 서평은 존재도 몰랐던 책에도 독자를 불러들이는 마중물 역할을 할 뿐만 아니라, 평소 관심 없던 분야와 사건과 인물로 시선을 돌리게 하고 더 깊이 있는 독서를 할 수 있도록 도움을 준다.

『로쟈의 인문학 서재』로 유명한 이현우 서평가는 『책을 읽을 자유』 서문에서 공개된 서평을 쓰는 일에 대해 "내가 바란 것은 그렇게 함께 읽는 '우리'의 확산"이라며 이렇게 이야기한다. "모두가 같은 책을 읽을 필요는 없지만, 모두가 책을 읽는다는 행위에 동참하는 건 내게 중요해 보였다." 전문 서평가가 아니더라도 누구나 소셜 미디어를 통해 읽은 책에 대한 서평을 남기고 다른 독자와 소통할 수도 있는 시대이니 책 읽고 서평 쓰는 즐거움은 예전보다 그 진입 장벽이 크게 내려갔다고 할 수 있다.

먼저 서평을 쓰고 싶다면 본보기가 될 만한 서평을 찾아보자. 평소 좋아하는 분야의 전문적인 지식을 가지고 꾸준히 신뢰할 수 있는 글을 올리는 서평가를 롤모델로 삼는 것도 좋은 방법이다. 책의 내용을 어떻게 요약해 풀어 내는지, 자신의 생각은 어떻게 정리하는지, 지루하지 않게 읽을 수 있는 원고 분량은 얼마나 되는지 그의 서평을 분석해 보면 나만의 방식을 만들어 내는 데 도움이 된다.

더 나은 책읽기를 위해 서평을 도구로 활용할 수도 있다. 서평을 쓰기 위해서는 책을 읽으며 기억하고 싶은 문장, 작가가 독자에게 전하려는 메시지 등을 정리해 메모하기 마련이다. 모르는 내용이 나오면 따로 조사하거나 공부도 해야 한다. 누군가에게 보여 주기 위한 서평 말고 간단한 독후감에도 이런 방법을 적용해 보면 충분히 그 재미를 느낄 수 있다. 아쿠타가와 상을 수상한 소설가 히라노 게이치로는 '남에게 설명할 것을 전제로 읽는다'는 자신만의 독서법을 설명하며 "블로그에 독서 감상을 쓰는 것도 좋은 방법"이라고 말했다. 서평을 쓰는 일은 읽은 책의 내용을 확실히 이해하고 또 잊지 않도록 도와준다.

> (독서 감상을) 막상 쓰려고 하면 반드시 막히는 부분이 나온다. 그곳을 메우면 내용의 전체적인 상像이 확실

히 정착된다. 누구인지는 몰라도 블로그 방문자들에게 그 책을 소개한다는 생각으로 쓰려고 하다 보면, 먼저 자신이 확실하게 이해해야 할 필요가 있다는 사실을 실감할 것이다. 그렇지 않고 단순히 '재미있었다'든가 '별로였다'라고만 쓴다면 모처럼의 독서체험이 무용지물이 되어버린다.

— 히라노 게이치로, 『책을 읽는 방법』(문학동네, 2008)

재미로 쓰는 것에서 벗어나 서평이 밥벌이의 수단이 되면 그때부터 머리가 지끈지끈 아프다. '일 때문에 읽고 마감까지 지켜야 하는 서평'이라니, 재밌는 일처럼 들리지는 않는다. 안 그런가? 그래도 어쩌랴, 회사가 시킨 일이거나 원고료를 받는 일이라면 어떻게든 쓸 수밖에. 하지만 그렇게 쓴 서평은 무미건조하고 딱딱하기 십상이라, 내 서평을 읽은 독자가 과연 책을 장바구니에 담거나 도서관에서 대출할 것인가 생각해 보면 고개가 수그러든다. 의무감이나 일 때문에 집어 든 책과 너무나 읽고 싶었던 책은 서평을 쓰는 마음과 애정의 정도가 크게 차이 난다.

문제는 무미건조한 감정으로 읽고 썼던 서평들이

사라지지 않고 온라인에 돌아다닌다는 것이다. 책이 절판되어도 내가 쓴 서평은 온라인 서버 속에 웅크리고 있다가 그 책을 찾는 독자의 검색으로 끌어올려진다. 예전에 '마지못해' 썼던 서평을 다시 읽는 일은 곤혹스럽다. 서평의 대상이 되는 책을 긍정이든 부정이든 내가 보증하는 셈이라 쓰기 전에는 막중한 책임감을, 쓴 다음에는 종종 죄책감을 느낀다. 그렇다고 너무 부담을 가질 필요는 없다. 현명한 독자라면 서평만으로 그 책의 모든 것을 섣불리 판단하지는 않을 것이다.

> 흥미를 갖는 방식도, 사고방식도, 느끼는 방식도 사람마다 제각각입니다. 그래서 나는 남들에게 '이건 좋은 책'이라고 추천하지 않는 것입니다. 반대로 남이 추천해 줘도 바로 달려들지 않습니다. 아무리 많은 사람들이 좋아해도 나는 나, 사람이란 느끼는 방식도 취향도 다르다고 생각하기 때문에 선뜻 마음이 내키지 않는 겁니다.
>
> — 니와 우이치로, 『죽을 때까지 책읽기』(이영미 옮김, 소소의책, 2018)

이 글을 쓰며, 부끄러운 마음을 누르며 예전에 썼던 서평들을 검색해 보았다. 앙드레 고르스의 『D에게 보낸 편지』를 졸저 『아폴로 책방』에 실린 소개글을 보고 구해 읽었다는 독자를 네이버 블로그에서 찾았다. 그 독자는 『D에게 보내는 편지』뿐만 아니라 『아폴로 책방』에 대해서도 짧게 독후감을 남겼다. 서평의 선순환이다. 『아폴로 책방』은 실제 존재하는 책들을 소재로 쓴 초단편 소설집이다. 서툰 이야기꾼이지만, 내가 소개하는 책들을 독자들이 찾아봐 주길 바라며 썼다. 각 꼭지 마지막에는 이야기의 소재가 된 책을 빠짐없이 소개했다. 다음은 『D에게 보낸 편지』의 소개 글이다.

> 사르트르가 '유럽에서 가장 날카로운 지성'으로 칭했던 철학자 앙드레 고르는 평생 사랑했던 아내 도린과 함께 스스로 목숨을 끊었다. 『D에게 보내는 편지』는 고르가 시한부 삶을 선고받은 아내 도린에게 보낸 아름다운 연서이다. 두 사람의 사랑은 죽음도 갈라놓을 수 없었다. 스스로 죽음을 선택하기 일 년 전부터 고르는 두 사람의 첫 만남부터의 이야기를 담은 편지를 썼고, 그 글을 묶어 『D에게 보내는 편지』가 나왔다. 세상에 진정

한 사랑이란 없다고 생각하는 사람들에게 권하고 싶은 책이다.

이 글 때문에 그 책의 가치를 인정하는 독자가 한 명이라도 늘었으니 내 글이 완전히 무용했던 건 아니었다. 손톱만큼 부끄러움을 덜었다.

12

문학관과 기념관을 찾는 재미

어떻게 가야 할지 아무런 정보도 없었지만 역사를 빠져나오자 곧 이정표를 발견할 수 있었고 10분쯤 걷자 기념관에 도착했다. 이 마을은 로알드 달이 36년 동안 머물면서 대부분의 동화책을 집필한 곳이기도 하다.

— 백창화·김병록, 『유럽의 아날로그 책공간』(이야기나무, 2011)

"프란츠 카프카 기념관 포스터가 왜 여기에 들어 있는 거지?" 미국 워싱턴에 있는 내셔널 갤러리 오브 아트 National Gallery of Art USA, NGA에서 1998년 열렸던 전시회 도록인 『에도: 일본의 예술 1615~1868』Edo: Art in Japan

1615~1868이 책방에 들어왔다. 일본의 근대 미술을 꼼꼼하게 살펴볼 수 있는 훌륭한 책이었다. 그런데 이 책 속에 프라하 카프카 기념관 포스터가 접힌 채 들어 있었다. 검색해 보니 기념관에서는 『변신』, 『성』 등의 작품을 모티프로 포스터를 제작하는데, 책 속에서 나온 포스터는 2015년 것이었다.

나도 2019년에 프라하 카프카 기념관에 갔었다. 갖고 싶은 기념품이 여럿 있었지만 짐을 늘릴 상황이 아니어서 아무것도 사올 생각을 못 했다. 딱 하나, 카프카의 젊은 시절 사진이 인쇄된 입장권만 수첩에 끼워 집으로 돌아왔다.

그렇게 가고 싶던 프라하인데 거기까지 가서 아무것도 사 오지 못했노라고 주변에 하소연을 했더니 프라하로 여행 갔던 이들이 기념품을 하나씩 사다 주었다. 카프카 흉상도 나중에 지인에게 부탁해 구할 수 있었다. 더는 바라는 것이 없던 참에 뜻밖에도 포스터까지 가지게 되었으니 행운이라고 할 수밖에 없다. 다음은 카프카 기념관을 찾았던 날(2019년 6월 19일) 남긴 기록이다.

죽음을 앞둔 카프카는 자신의 친구 막스 브로트에게 원

FRANZ
PRAGUE
MUSEUM
© Franz Kafka museum 2015
KAFKA

고를 맡기며 모두 불태워 달라고 했다. 항상 궁금했다. 그토록 자신의 작품을 남기고 싶지 않았다면 왜 스스로 없애지 않았는지(나 같으면 다른 이에게 맡기지 않고 그렇게 했을 듯). 유언과는 다르게 친구가 자신의 원고를 제대로 평가해 줄 것이란 믿음과, 또 그렇게 해 주길 바라는 마음이 더 강했던 것은 아닐까. 언제나 복선과 다의의 단어를 쓰기 좋아했던 카프카라면 충분히 그럴 수도. 아니면 마무리 짓지 못한 작품들에 대한 결벽 때문에 그런 말을 했을지도 모르겠다. 기념관 내부는 사진을 찍을 수가 없었다. 평일이어서 그런지 관람객은 그리 많지 않았고 『성』의 줄거리를 짧게 영상으로 옮긴 것을 혼자 여러 번 보았다. 그는 언제나 떨쳐 버릴 수 없는 아득한 절망에 짓눌린 예민한 사람이었던 것이 분명하다. 그건 태생 때문일까 아니면 그가 살았던 시대 때문일까. 잘 모르겠다. 독일, 오스트리아…… 어디로 갈지 아직 행선지를 정하지 못했다. 내일 아침 프라하를 떠난다.

좋아하는 작가의 기념관을 찾는 이유는 잠시 그가 살았던 시대와 공간으로 돌아가 그의 삶을 들여다보고 싶은 마음 때문이다. 작품을 읽는 것만으론 채워지지 않는 갈증을 풀기 위해. 기념관은 대부분 그가 살았거나 작품을 쓴 곳이어서 어떤 환경에서 창작을 했는지 조금이나마 짐작해 볼 수 있다. 카프카는 거의 평생을 프라하에서 벗어나지 못했다. 세상을 떠나기 전 결핵에 걸려 빈 근교에 있는 요양원으로 옮긴 것이 유일하다. 그는 약혼녀 펠리체 바우어가 있던 베를린에 가고 싶어 했지만 꿈을 이루지 못했다. 그가 살았던 당시 프라하는 오스트리아-헝가리 제국의 일부였고, 독일어를 쓰는 유대인은 어디에도 속할 수 없는 이방인이었다. 구속이 없는 곳으로 떠나고 싶은 마음이 그의 글 「인디언이 되려는 소망」에 잘 드러난다. 만약 그가 프라하에서 태어나지 않았다면 우리가 사랑하는 작품들이 나올 수 있었을까?

> 인디언이 되었으면! 질주하는 말잔등에 잽싸게 올라타, 비스듬히 공기를 가르며, 진동하는 대지 위에서 거듭 거듭 짧게 전율해 봤으면. 마침내는 박차를 내던질 때까지, 실은 박차가 없었으니까, 마침내는 고삐를 내던질 때까지, 실은 고삐가 없었으니까. 그리하여 눈앞에 보이는 땅이라곤 매끈하게 풀이 깎인 광야뿐일 때까지.

이미 말 모가지도 말 대가리도 없이.

— 프란츠 카프카, 『변신·시골의사』(전영애 옮김, 민음사, 1998)

일본 구마모토 시에는 일본의 국민작가로 불리는 나쓰메 소세키의 기념관이 있다. 임진왜란 당시 선봉장 노릇을 했던 가토 기요마사가 크게 지은 구마모토 성에서 아주 가깝다. 구마모토 성을 찾는 한국인 관광객은 많지만 나쓰메 소세키 기념관을 찾는 이는 얼마나 될지 모르겠다. 그는 1900년 국비 유학생 자격으로 영국으로 떠나기 전까지 구마모토의 다이고고등학교(현 구마모토대학교)에서 영어 교사로 학생을 가르쳤다. 4년 남짓 구마모토에 거주하며 여섯 번 이사했는데, 기념관은 다섯 번째 집이다. 상당히 운치 있는 집으로 나쓰메 소세키가 구마모토에서 살았던 집 가운데 가장 좋아했던 곳이라고 한다.

"무사태평으로 보이는 사람들도 마음속 깊은 곳을 두드려 보면 어딘가 슬픈 소리가 난다." 『나는 고양이로소이다』에 실린 문장이다. 나쓰메 소세키 기념관 다다미 방에는 콧수염을 멋지게 기른 작가의 등신대 좌상

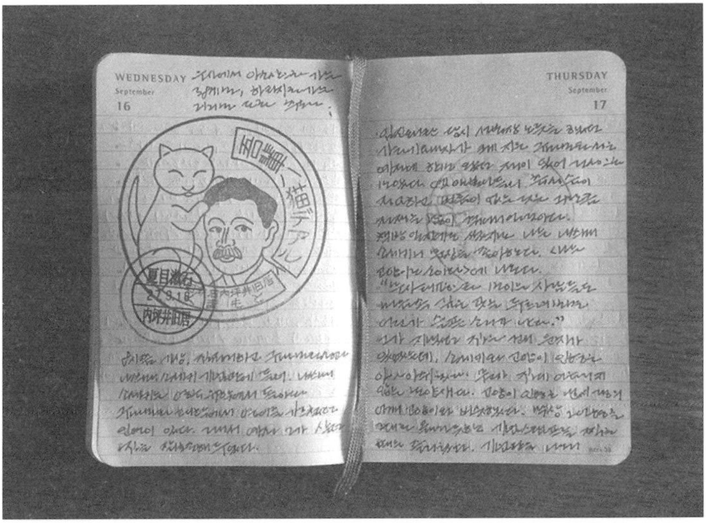
WEDNESDAY
September
16
THURSDAY
September
17

이 자리 잡고 있고, 바로 앞 탁자 위에는 어딘가 허술해 보이는 고양이 인형이 웅크리고 있다. 이 고양이가 바로 『나는 고양이로소이다』의 이름 없는 그 고양이인가, 하고 웃음이 났다. 기념관 전시물 중에서 가장 인상 깊었던 것은 『마음』의 육필 원고였다. 원본을 복제한 전시물이었지만 필체 등을 감상하는 데는 문제가 없었다. 칸을 거의 벗어나지 않고 달필로 오밀조밀하게 메운 원고지가 예민했던 그의 성격을 고스란히 드러내 주는 듯했다.

상단에 '소세키 산방'漱石山房이라고 적힌 원고지는 나쓰메 소세키가 1907년 아사히 신문사에서 일하던 시절부터 사용하던 것이다. 나쓰메 소세키 작품에 표지와 삽화를 그린 화가 하시구치 고요+가 디자인한 것으로 알려져 있다. 기념관이나 문학관에 전시된 작가들의 옛 육필 원고를 보고 있노라면, 펜이 아닌 키보드를 두드려 작품을 쓰는 작가의 기념관에는 무엇이 놓일까 궁금하다. 손으로 쓴 원고가 없는 기념관은 왠지 팥 없는 찐빵 같은 느낌이 아닐까 싶기도 하고.

모름지기 마음속 사상을 꾸밈없이 쉽게, 있는 그대로

\+ 橋口五葉, 1880~1921. 큰형이 나쓰메 소세키와 가까워 그에게 그림 재주를 인정받았다. 도쿄미술학교 학생 시절에 『나는 고양이로소이다』의 표지 그림을 직접 그렸다.

쓰는 것이 문장의 묘미라고 생각하네. 따라서 머리 위로 물병을 쓰러트려 물을 뒤집어쓰듯 감정 없이, 또한 가슴속에 한 점의 사상도 없이 그저 글자만을 나열하는 무리는 논할 가치도 없고, 혹 사상이 있다 해도 쓸데없이 문장에 얽매여 천진난만함이 보이지 않는다면 사람을 감동시킬 수 없지.

— 나쓰메 소세키, 『나쓰메 소세키 서한집』
(김재원 옮김, 읻다, 2020)

구마모토에 살던 시절인 1889년 소세키가 오랜 벗 마사오카 시키+에게 보낸 편지 글이다. 그가 생각했던 '문장의 묘'는 사상을 품고 있으나 천진난만함을 잊지 않는 것이었다. 만약 '소세키 산방' 원고지에 그의 글씨로 이 글을 적어 둔 기념품을 팔았다면 구입해서 책상 앞에 붙여 두었으리라. 당연히 이 번역문도 함께. 나쓰메 소세키의 기념관은 도쿄 신주쿠에도 있으나 이곳은 가 보지 못했다. 언젠가는 기회가 있겠지.

하동군 북천면 이명산 산기슭엔 이병주 문학관이 있다. 나는 거기서 그리 멀지 않은 곳에서 어린 시절을 보냈다. 다니던 초등학교도 중학교도 폐교된 지 오래일

+ 正岡子規, 1867~1902. 시인이자 일본 국어학 연구가.

정도로 시골이다. 북천면 인구는 1,500명(2025년 기준)이 넘지 않는다. 소설가 나림 이병주 선생이 나와 같은 북천 사람이란 걸 그곳에 살 때는 몰랐다. 대하소설 『지리산』을 읽고서 그 사실을 알았고 작가가 어떤 삶을 살았는지 궁금했다. 요즘엔 인기가 없지만 예전엔 대하소설을 읽는 독자가 많았다. 조정래의 『태백산맥』, 최명희의 『혼불』은 오랜 기간 베스트셀러 목록에 이름을 올렸고, 이 작품들 이전에 박경리의 『토지』와 이병주의 『지리산』이 있었다. 『태백산맥』이 전라도와 지리산을 주요 무대로 삼았다면, 『지리산』은 경상도가 배경이다. 일제강점기 하동 출신 두 청년 이규와 박태영이 일제강점기를 지나 해방과 한국전쟁을 겪으며 서로 다른 길을 갈 수밖에 없었던 이야기를 그린다. 이규는 프랑스로 유학을 떠나고 박태영은 빨치산이 되어 지리산에서 스스로 목숨을 끊는다. 『지리산』은 그 시절을 직접 살아 낸 작가의 삶이 투영된 대하역사소설이다.

> 진주의 봄은, 남강의 얼음이 녹아 그 맑은 흐름의 바닥에 하늘의 푸르름을 깔아 흰구름을 아로새기게 되는 무렵부터 시작된다. 4월이 되어 강안 남쪽의 죽림이 청색

의 선도를 되찾아 백사와 조응하면, 서장대 서쪽의 들엔 샛노란 유채꽃이 황금의 담요를 펼치고, 평거, 도동의 과수원은 일제히 꽃을 만발해서 산들 바람결에 향기를 시가 쪽으로 흘려보낸다. 꽃향기에 서린 아지랑이 저편 북서쪽으로 아득히, 아직도 백설을 인 채 지리산의 정상봉이 의연한 모습을 나타내면, 진주의 봄은 스스로의 봄을 한 폭의 그림으로 완성한 셈이 된다.

— 이병주, 『지리산 1』(한길사, 2006)

『지리산』에 실린 진주에 대한 묘사다. 세월이 지났지만, 책방에서 5분만 걸어 나가면 진주성 건너 남강 둔치에서 여전히 '한 폭의 그림'을 감상할 수 있다. 책방에 있던 『지리산』은 팔린 지 오래되었으나, 『바람과 구름과 비』(기린원, 1992)는 여전히 자리를 지키고 있다. 산문집 『백지의 유혹』(연려실, 1985)도 그렇고. 이 책엔 독서에 대한 짧은 글도 실려 있는데, 나도 이병주 선생과 같은 생각이다.

독서를 권한다고 해서 독서열이 높아질 까닭이 없는 것과 마찬가지로 이런 말을 한다 해서 독서하는 버릇을

> 버릴 사람이 있지도 않을 것이다. 다만 독서인의 무문곡필적 행동보다 무지렁이의 강변이 때론 청량한 경우가 있다는 것을 덧붙이고 싶다. 너는 어떻게 할 건가고 물으면 나는 내가 좋아하는 서적과 더불어 낙오하는 편을 택했다고나 할까.

어쨌거나, 그 작가를 좋아하든 아니든 기념관이나 문학관에 가면 작가와 작품에 대한 이해가 배로 넓어지는 걸 경험할 수 있다. 혹 이 글을 읽고 이병주 문학관을 찾을 독자가 있다면 진주 소소책방에도 들러 그의 작품을 구입해 주시길.

13

영화 속 책을 찾는 재미

구원은 그 안에 있지. Salvation lies within.

— 영화 『쇼생크 탈출』에서 교도소장 노튼이 주인공 앤디 듀프레인이 가지고 있는 『성경』을 보며 했던 대사.

책이 등장하는 가장 아름다운 장면으로 2006년 영화 『오만과 편견』의 도입부를 꼽아야겠다. 주인공 엘리자베스가 책을 읽으며 천천히 부드러운 빛이 떨어지는 푸른 들판을 걸어온다. 책갈피를 쥔 손으로 거의 마지막 장에 다다른 책을 읽으며 다가오는 엘리자베스(키이라 나이틀리 분)를 보고 반하지 않을 사람이 있을까. 엘리자베스가 든 책은 제인 오스틴의 초기작 『첫인상』이다. 제인 오스틴은 1795년에 쓴 『첫인상』을 고쳐서 1813년 『오만과 편견』으로 제목을 바꿔 출간했다. 주인공의 손에 『오만과 편견』의 원작이라 할 작품을 쥐여 주어 제인 오스틴을 영화 안팎에서 모두 살아 있게 만든 것이다.

이누도 잇신 감독이 연출한 『조제, 호랑이 그리고 물고기들』의 주인공 조제도 엘리자베스만큼 매력적인 캐릭터다. 다리가 불편한 주인공 조제는 집 밖으로 거의 나가지 못하고 책을 읽으며 지낸다. 조제라는 이름은 프랑수아즈 사강의 『한 달 후, 일 년 후』의 주인공에게서 가져왔다. 소담 출판사가 2022년 출간한 『한 달 후, 일 년 후』의 표지에 프랑수아즈 사강의 사진이 실려 있는데, 영화의 주인공을 맡은 배우 이케와키 지즈루가 그와 비슷한 분위기를 가지고 있음을 알아볼 수 있다.

조제의 집은 책으로 그득한데 책꽂이는 찾아볼 수 없다. 몸을 세우지 못하는 조제가 손을 뻗을 수 있는 높이로만 쌓여 있다. 현실에서 벗어나고 싶지만 방법이 없는 조제에게 유일한 벗은 책이다. 영화에서 조제가 읽는 『한 달 후, 일 년 후』는 신초샤新潮社에서 1958년 출간한 것이다. 영화 개봉 후 일본에서 이 책을 찾는 사람이 많

아 책값이 엄청나게 올랐다고.+ 앨리슨 후버 바틀릿 말이 딱 맞다.

> 『오만과 편견』이나 『낸시 드류』를 각색한 영화가 개봉되면 그 책의 초판본은 일시적으로 수집가들이 열을 올리는 상품이 된다.
>
> — 앨리슨 후버 바틀릿, 『책을 너무 사랑한 남자』
> (남다윤 옮김, 솔, 2011)

가장 최근에 "앗! 저 책은?" 하며 보았던 작품은 드라마 『미지의 서울』이다. 2025년 올해의 드라마로 꼽을 만한 작품이다. 언제까지 새로운 이야기가 나오나 궁금할 정도로 치밀한 구성에, 현실의 문제를 다루면서도 시청자들이 깊은 우울에 빠지지는 않도록 수위를 잘 조절한 작품이었다. 작가는 "여기서 새로운 이야기를 만들면 어떻게 정리하려고 그러지?"라는 걱정(나만의 걱정이었을 수도) 같은 건 애초부터 계획에 넣었다는듯 꽤나 능란하게 시청자를 요리했다. 결말도 시청자들이 불만을 가지지 않을 수준으로 마무리했다. 대본을 쓴 이강 작가가 다음에는 어떤 작품을 들고 나올지 궁금하다. 주인

+ 오카자키 다케시의 『장서의 괴로움』(정은문고, 2014)에도 이 일화(69쪽)가 실려 있다.

공 미지와 미래 쌍둥이 역할을 맡은 박보영 배우의 열연도 돋보였다.

이 드라마에서 설재인 작가의 『우연이 아니었다』가 나온 것을 보고 반가웠다. 남자 주인공 이호수가 직장 동료와 만나던 카페 테이블에 쌓여 있던 책 중 한 권이었다. 설재인은 우리 책방에 강연하러 왔던 작가이기에 가능하면 새로운 작품이 나올 때마다 읽어 보려고 노력하다, 도저히 따라 잡을 수 없는 속도로 신작을 발표해 현재는 포기 상태. 얼마나 큰 이야기 주머니를 가지고 있기에 이렇게나 부지런히 써 내는 것인지 가늠도 되지 않는다. 2025년에만 이 책을 쓰고 있는 8월까지 『뱅상 식탁』을 포함해 7권이 출간되었고, 2024년에는 10권의 소설이 나왔다. 이 모든 창작 에너지는 분명 권투와 달리기에서 나오는 것이겠지. "남들이 손가락질할 거리가 많은 나 같은 사람끼리 구질구질한 사건들을 겪으면서도 결국은 서로를 끊지 못하고 함께 생활하는 이야기를 쓰고 싶었다." 『우연이 아니었다』에 실린 작가의 말이다. 『미지의 서울』과도 상당히 겹친다. 『우연이 아니었다』가 카페 테이블에 놓여 있던 건 제작진의 의도였을까?

드라마 『나인 퍼즐』에서도 추리소설, 만화 마니아라면 바로 알아볼 만한 책들이 여럿 등장했다. 주인공인 범죄분석관 윤이나(김다미 분)가 책상에 위에 꺼내 놓는 만화책은 우라사와 나오키의 명작 『몬스터』, 아오야마 고쇼의 『명탐정 코난』, 사토 후미야의 『소년탐정 김전일』이다. 상대역인 형사 김한샘(손석구 분)의 집에는 제임스 엘로이의 『블랙 다알리아』, 『애거서 크리스티 전집』이 꽂혀 있다. 추리소설을 주로 내던 해문 출판사의 책들도 여럿 보이는데 제목으로 확인할 수 있는 건 『비뚤어진 집』이었다. 두 사람의 판이하게 다른 성격과 사건 해결 방식을 보여 주는 소품으로 이 책들을 활용했으리라. 물론 작가나 제작진의 평소 독서 성향도 반영된 목록일 테고 말이다.

책을 좋아하는 독자들은 영화도 함께 좋아하는 경우가 많다. 나도 영화 속에 등장하는 책에 관심을 가진 지 꽤 오래되었다. 책이 등장하는 장면에선 집중력이 급상승한다. 아마 다른 독자들도 마찬가지일 것이다. 주인공이 들고 있는 책이 무엇인지 처음 찾아본 영화는 『엘비라 마디간』이었다. 1990년 국내에 재개봉했고 이 영화를 넓은 영화관+ 객석에 홀로 앉아 봤다. 극장 안에

\+ 진주성 촉석문 바로 오른쪽 성벽 아래 있던 제일극장은 1990년대 초에 문을 닫았다.

나 말고는 아무도 없었다. 하긴 애절하고 비극적인 사랑(그것도 불륜) 이야기를, 그것도 20년 넘은 스웨덴 영화를 한낮에 보러 갈 사람이 많지는 않을 것이다. 나도 사실 영화에 관심이 있어서가 아니라 학교 수업을 빼먹고 갈 곳이 없어서 극장에 갔을 뿐이다. 서커스단에서 줄 타는 소녀 엘비라를 사랑하게 된 식스틴은 아내와 아이까지 있는 장교였다. 그는 엘비라와 함께 계속 헌병대를 피해 도망쳤다. 그때는 영화가 끝날 때까지 스토리를 이해하지 못했다. 나비를 좇는 엘비라 마디간과 두 번 총소리가 울리는 마지막 장면이 무얼 의미하는지 몰라 고개를 갸우뚱했다. 탈영하면 인생이 힘들어지는구나, 엘비라 마디간은 정말 예쁘구나, 하는 생각뿐이었다. 굶주리고 불안해하면서도 원래 자신이 있던 곳으로 돌아가지 못하고 결국 비극적인 선택을 하는 두 사람을 그저 학교 수업을 빠지고 놀 생각만 하는 사춘기 청소년이 이해할 수 있을 리가.

　나중에 성인이 되고 다시 본 이 영화는 완전히 새로웠다. 배경음악으로 쓰인 모차르트 피아노 협주곡 21번 2악장이 가끔 라디오에서 들려오면 『엘비라 마디간』 속 풍경들이 사진처럼 눈앞에 펼쳐졌다. 바느질을 하는 엘

비라 옆에서 식스틴이 책을 읽으며 아이들이 선물한 가죽 책갈피를 만지작거리는 장면에서 그가 어떤 감정을 느끼고 있을지 이해되는 것이 나도 이제 어른이구나 싶었다. 그가 읽던 책이 톨스토이의 『부활』이라는 것도 나중에 영화 이야기를 찾아보고서야 알았다. 가족과 동료들을 배신하고 사랑하는 연인과 도망쳤지만 끊임없이 갈등하고 양심의 가책을 느낄 수밖에 없는 식스틴의 처지에선 『부활』에서 카츄샤를 불행한 삶으로 떠밀었던 네흘류도프에게 자신의 감정을 이입할 수밖에 없었을 것이다.

류츠신의 소설 『삼체』의 넷플릭스 드라마에는 익숙한 그림책이 등장했다. 영국 삽화가 마가렛 타란트의 작품이었다. 『잠자는 숲속의 미녀』에 그림을 그린 삽화가는 많겠지만, 드라마 속 책에 실린 그림은 그의 작품이 분명했다. 1922년 영국 와드록 출판사Ward, Lock & Co의 '48장의 컬러 삽화를 넣은 그림책' 시리즈 중 한 권인 『페어리 테일스』Fairy Tales에 실려 있다.

『삼체』 극중에서 환경운동가였다가 석유 재벌이 된 마이크 에번스가 『헨젤과 그레텔』, 『빨간 모자』 이야기를 하고(3화와 4화), 암으로 죽어 가는 윌리엄 다우닝이

동화책을 꺼내는 장면에서 이 그림이 나온다(4화). 나도 소장 중인 이 그림책은 풍요로웠던 시절 영국의 단면을 짐작하게 해 준다. 100년이란 시간 동안 여러 주인의 손을 거쳐 먼 나라까지 왔을 텐데, 거의 훼손된 곳이 없다. 어린이 책임에도 이토록 깨끗하게 보관되었다는 것은, 달리 말하면 아이들 손을 타지 않았다는 증거일 수도 있으리라.

톰 크루즈가 주연을 맡은 SF 영화 『오블리비언』의 주인공 잭은 책을 좋아하는 '복제인간'이다. 그는 작은 호숫가에 있는 비밀 오두막에 전투에 나가 발견한 책들을 모아 놓고 음악을 들으며 책을 읽는다. 책을 몰래 기지로 가져와 고대 로마의 시인 호라티우스의 시를 읽기도 한다.

공포스러운 강적에 맞서
선조들의 유해와 신들의 성전을 지키기 위해
싸우다 죽는 것 이상으로
한 인간에게 있어 더 고귀한 죽음은 없나니.

『오블리비언』의 연출을 맡았던 조지프 코신스키 감

FAIRY·TALES
WITH·48·COLOURED·PLATES
BY·MARGARET·W·TARRANT

70

The Prince brushed aside the curtains, and there, on a couch in the centre of a splendid room, lay the Princess, looking as if she had gone to sleep but an hour before.

독은 분명 애서가, 특히 쥘 베른의 팬임에 틀림없다. 그의 이전 작품인 『트론: 새로운 시작』에는 주인공 쿠오라가 서가에 꽂힌 책 가운데 쥘 베른의 『신비의 섬』을 꺼내며 좋아한다고 말하는 장면이 있다. 쥘 베른에 대한 감독의 존경과 사랑을 담은 장면일 테다.

책뿐만 아니라 도서관이나 서점이 나오는 장면에도 당연히 눈길이 멈춘다. 영화 『투모로우』에서는 생존자들이 뉴욕 공립도서관에서 책을 불쏘시개로 쓰며 끝까지 살아남는다. 뉴욕 공립도서관은 영화의 배경으로 자주 등장하는 곳이다. 『티파니에서 아침을』부터 『존 윅3: 파라벨룸』[+]까지 이곳을 방문하면 자신이 좋아했던 영화의 한 장면이 자연스럽게 떠오를 수밖에 없을 듯하다. 『투모로우』에서 도서관을 탈출하며 사서가 품에 소중히 들고 가는 책은 구텐베르크 판 『성경』이다.

이제 이 글의 첫 문장으로 돌아가자. 『쇼생크 탈출』에서 주인공 앤디 듀프레인은 성경 속에 탈출을 위해 돌을 깰 작은 망치를 숨겨 놓았다. 탈출할 땐 성경이 필수품인가 보다. 『투모로우』에서 가장 인상 깊었던 장면은 노숙자인 루서가 "길에서 지내 체온 유지하는 법을 알

+ 람빛의 블로그 '맛있는 책과 도서관 이야기'(blog.naver.com/yummystory)에 가면 뉴욕 공공 도서관이 나오는 영화 목록을 볼 수 있다.

지"라며 책장을 찢어 옷 속에 집어넣는 신이었다. 책보다 신문지가 더 낫다는 설명을 덧붙인다. 아무리 책이 좋다고 해도 책에서 익힌 지식보다 몸으로 체득한 경험이 삶의 위기에선 훨씬 유용한 법이다.

14

책 선물하는 재미

그들의 유령이 서가들 사이를 어른거렸고, 그들이 선물한 책들은 아직도 목소리를 간직하고 있다. 그래서 오늘날 이자크 디네센의 『고딕풍 이야기들』이나 블라스 데 오테로의 초기 시들을 펴들면, 내가 그 책을 읽는 것이 아니라 누가 내게 큰 소리로 읽어 주는 듯한 느낌이 드는 것이다.

— 알베르토 망겔, 『서재를 떠나보내며』(이종인 옮김, 더난, 2018)

2024년 연말쯤 소설가 소재원의 사연이 화제가 됐다. 고등학교를 졸업하고 서울로 올라와 사기를 당해 노숙 생활을 하고 있을 때 책 선물을 받은 이야기였다. 책을 읽기 위해 사흘 내내 서점에 갔는데 직원이 냄새 때문에 다른 손님들에게 항의가 들어온다며 나가라 했다고. 부끄러운 마음에 황급히 서점을 빠져나오려는데 어느 직원이 자신에게 이청준 작가의 소설 『당신들의 천국』을 선물로 건네주었다는 이야기였다. 당시 신문이며 방송까지 그의 사연이 소개되었다.

> 내가 스무살 때 였는데, 책을 선물해 준 직원은 20대 중후반 누나뻘로 기억한다. 노숙인에게 『당신들의 천국』이라는 책을 선물해 준 사람은 전국에 한 명밖에 없지 않을까. 찾을 수 있다고 확신한다.

미담으로 소개된 일화지만 엄연한 영업 공간인 서점에서 사흘이나 냄새를 풍기며 책을 읽는다니, 안타깝지만 이런 손님을 마냥 봐줄 수는 없다. 사흘째였다면 누군가는 정중하고 단호하게 이야기를 할 수밖에 없었으리라. 어떻게 이야기해야 상대의 마음이 다치지 않게 이런 껄끄러운 상황을 정리할 수 있을까, 어려운 문제다.

다행히 마음씨 고운 직원의 책 선물로 훈훈한 결말이 되었지만, 만약 부끄러움으로 얼굴을 붉힌 채 그대로

서점을 나와야 했다면 두고두고 가슴 아픈 기억으로 남았을 게 분명하다. 소재원 작가는 "그때 받은 책 선물 때문에 '괜찮은 작가'가 되었다"며 "내가 과연 당신께 선물로 드릴 수 있는 작품을 집필하고 있는지 언제나 생각하고 다짐한다"라고 고백했다. 그때 책을 건넨 직원이 이 이야기를 전해 듣는다면 얼마나 기쁠까? 이 사연이 소개된 이후 배경이 된 서점이나 선물을 건넨 직원을 찾았다는 소식은 듣지 못했다. 누군가 선물한 책 한 권이 얼마나 큰 영향을 줄 수 있는지 보여 주는 짧은 소설 같은 이야기다.

소재원 작가의 사연처럼 아무런 사심 없는 책 선물도 있지만 '빌드업'인 경우도 있다. 정약용이 26세 때 일이다. 정조 앞에서 과시를 볼 때마다 그는 뛰어난 성적을 거뒀고, 정조는 그런 그를 눈여겨보고 매번 책과 붓, 종이를 상으로 내렸다.

> 8월 성균관의 시험에서 비교함에 고등을 차지했다. 임금이 중화당으로 입대하라고 하여 들어가니, 석류나무 아래 앉으라고 하였다. 임금이 물었다. "너는 『팔자백선』을 얻었는가?" "얻었습니다." "『대전통편』을 얻었

는가?" "얻었습니다." "『국조보감』도 얻었는가?" "얻었습니다." 임금이 말하기를 "근일 내각(규장각)에서 인쇄한 서책을 네가 모두 얻었으니 내가 줄 책이 없구나" 하고, 크게 웃은 다음 곁에 있는 신하를 돌아보고 "술을 가져오너라" 하였다. 계당주를 큰 사발에 가져왔다.

— 정규영, 『다산의 한평생』(정재소 옮김, 창비, 2014)

정조는 젊은 정약용이 앞으로 크게 쓸 수 있는 인물이라는 걸 깨닫고 책 선물 공세를 폈다. 관직에 나가 실무를 맡기 전에 최대한 많은 지식을 익히게끔 배려한 선물이었다. 하지만 윗사람의 이런 선물이나 관심은 자연히 다른 이의 시기와 질투를 불러 일으키게 마련이다. 정조는 정약용이 계속 두각을 나타내자 주변의 시샘으로 화를 입지 않을까 경계했다. 그해 12월 시험에서 정약용의 답안이 최고였으나 일부러 낮은 등급을 주었다. "여러 번 응시하여 여러 번 수석을 차지하니, 꽃은 찬란히 피어나지만 열매를 맺지 못할까 염려된다. 이 때문에 꽃을 거두고자 할 따름이다."정치가로서 정조의 노련함이 돋보이는 대목이다. 다음은 '계당주 큰 사발'이 중회당으로 들어온 뒤의 이야기다.

> 술을 못 마신다고 극구 사양하였으나, 임금이 명하여 다 마셨다. 술에 몹시 취해 비틀거리니 임금이 내시감에게 부축해 나가라 명하고, 조금 있다가 빈청에 머무르라고 하였다. 잠시 후 승지 홍인호가 소매 속에서 책 한 권을 은밀히 건네주면서 "네가 장수의 재주도 겸비하고 있음을 알기 때문에 특별히 이 책을 내려 준다. 훗날 동철과 같은 도적이 있으면 너를 기용하여 출전시킬 수 있을 것이다"라는 임금의 교지를 전해 주었다. 돌아와서 보니 『병학통』이었다.

일부러 정약용이 술에 취하게 만들어 놓고 몰래 책을 전하는, 신하를 아끼는 정조의 마음이 선명하다. 정약용이 평생 많은 저술을 남길 수 있었던 이유는 뼈를 깎는 노력과 정진과 더불어 성균관 유생 시절부터 시작된 정조의 아낌없는 지원도 많은 영향을 주었을 것이다. 이렇게 마음이 맞고 능력을 펼칠 수 있도록 책을 전하는 어른이나 상사를 현실에서 만나기란 쉽지 않은 일이다. 이런 사람이 곁에 있다면 엄청난 행운이겠지.

반대의 경우도 있다. 추사 김정희의 그림 『세한도』에 얽힌 이야기다. 『세한도』는 김정희가 1844년 제주도에서 귀양살이 하고 있을 때 그렸다. 역관이던 제자 이상적은 중국 북경을 다녀오며 스승 김정희가 애타게 읽고 싶어 했던 계복의 『만학집』과 운경의 『대운산방문고』, 120권이나 되는 하장령의 『황조경세문편』까지 모두 구해 스승이 있는 제주도로 보냈다. 먼 연행길에도 잊지 않고 유배 중인 스승을 위해 책을 찾아 보낸 것이다. 김정희는 그런 제자를 위해 마른 붓을 들어 쓸쓸한 초가와 늙고 굽은 소나무 한 그루, 그 아래 어린 소나무를 그렸다. 약간 떨어진 곳에는 불어오는 바람을 막아 주지 못할 듯한 빼빼 마른 잣나무 두 그루를 더 그려 넣었다. 그리고 『논어』 「자한」 편에 나오는 구절을 썼다.

> 한겨울 날씨가 추워진 후에야 소나무와 잣나무가 더디 시드는 것을 안다.歲寒然後 知松柏之後凋

지천명을 넘긴 나이에 제주도까지 유배를 와서 4년이나 지났으니 마음속에는 괴로움이 가득했을 것이다. 그런 그에게 제자가 보낸 책 선물이 얼마나 큰 기쁨

이었을지 상상하기 어렵다. 가르칠 수도 끌어 줄 수도 없는 답답한 처지인 스승을 잊지 않고 오랜 세월 의리를 지키며 책을 보내준 제자에게 고마움을 담아 그린 『세한도』는 그가 남긴 최고의 명작으로 평가 받는다.

애니메이션을 전공하고 있는 막내에게 "아빠 생각에 이 작가는 예술가이기 전에 장인인 것 같아"라는 나름의 평가와 함께 정유미 작가의 『먼지아이』를 선물로 주었다. 작가가 되려면 갖춰야 할 덕목이 많지만 "가장 중요한 건 끈기인 것 같다"라는 말도 덧붙였다. 확신하지 않고 '같다'라는 말로 얼버무린 이유는 막내가 끈기보다 더 중요하게 꼽는 것이 있을지 몰라서다.

『먼지아이』는 2009년 제작된 단편 애니메이션 작품으로, 내가 아이에게 준 것은 그 애니메이션을 책으로 펴낸 것이다. 연필 세밀화로 한 장 한 장 그려 제작한 『먼지아이』를 보고 감탄할 수밖에 없었다. 시작부터 마지막 장면까지 몇 장의 그림을 그린 걸까 궁금했다. 5천 장이 넘는 그림을 그려 10분 분량의 작품을 완성했다는 인터뷰를 보고 놀랄 수밖에 없었다. 그 짧은 작품을 위해 얼마나 오랜 시간 책상 앞에 앉아 있어야 했을까. AI가 원하는 장면을 뚝딱 만들어 주는 시대에도 여전히 그는 자신만의 스타일을 고집한다. 『먼지아이』가 막내가 가고자 하는 길에 작은 등불이 되어 주길 바랐다.

> 사람들이 다 해결하기 어려운 고민들을 안고 살잖아요. 각자 균형을 잡고 사는 여러 가지 방법이 있는데 저 같은 경우는 그게 작업인 것 같아요. 작업을 하면서 나름의 방법을 찾기도 하고 문제를 풀기도 하는 거죠. 잘 기록해 두면 같은 시대 같은 땅에 사는 사람들이 같은 고민을 하고 있다는 걸 공유하게 되기도 하고요. 표현하고 느끼고, 나름의 답을 찾고, 기록하고, 관객들과 공감하고…… 그런 작업을 계속 해 나가지 않을까요.+

정유미 작가의 이야기다. 맞다. 사람들은 누구나 어려운 고민들을 가지고 있고, 균형을 찾기 위해 노력한다. 자신만의 방법을 찾더라도 종종 균형을 잃기도 하고, 오랜 시간 삐딱하게 선 채로 괴로움을 견디기도 한다. 가까운 사람이 그런 상황이라면 말로 충고하긴 힘들다. 감정이 앞서기 쉽고, 오해를 부를 수도 있다. 이럴 때 상대의 고민과 질문에 답을 줄 수 있는 책을 찾아 선물하는 건 간접적으로 존중과 사랑을 표현하는 방법이다. 당장 펼

+ 『경향신문』, 2022년 7월 21일 자, 『한 장 한 장 그린 독립 애니가 칸으로 베를린으로… 정유미·문수진 감독』

쳐보고 싶은 마음이 드는 책을 골라야 한다는 어려움은 있다. 만약 엉뚱한 책을 골랐다면 책을 고르는 안목을 의심받을 것이다. 그래서 책 선물이 어려운 것이다. 하지만 실패해서 당장 펼쳐보지는 않더라도 서가에 꽂힌 책은 언젠가는 그에게 위로가 되고 쉬어 갈 그늘을 만들어 줄 것이다. 그 책을 읽는 동안 선물로 건넸던 당신을 기억하겠지.

> 저 밖에 총을 든 사람이 있어서 내 생명을 끝내고 책장에 꽂힌 책들로부터 나를 떼어내려 할지도 모르지만 지금 나는 안전하다. 그의 앞에다 보랏빛 의자를 끌어다 놓고, 그의 번들거리는 눈을 등진다. 나는 거기 앉아서 내 몫의 책을 읽는다. 그리고 기억한다. 그럼으로써 나와, 앤 마리였던 그 사람을 살아 있게 만든다. 겁낼 것이 전혀 없다.
>
> — 나나 상코비치, 『혼자 책 읽는 시간』(김병화 옮김, 웅진지식하우스, 2012)

15

오탈자 찾아내는 재미

처음부터 책에 오류가 없었다면 좋았겠지만, 누군가 잘못을 지적해 주는 이가 있다는 것은 너무나 고맙고 기쁜 일이다. 얼마든지 한심하다고 최악이라고 내팽개칠 수도 있었는데, 오히려 말을 고르고 골라 쓴소리를 달게 하려고 애쓰는 모습에 더욱 몸 둘 바를 모르게 된다. 가슴 한 귀퉁이가 따끔따끔하면서도 따뜻했다.

— 엄윤숙, 『아주 오래된 편집 매뉴얼』(사유와기록, 2025)

얼굴이 화끈거렸다. "독자입니다. 『일기 쓰는 법』 109쪽 네 번째 줄에 있는 1557년이 정확한 내용인가요. 이때는 임진왜란이 일어나기 전인데 확인해 보시는 것이 좋겠습니다.” 전화를 받는 중에 바로 책꽂이에서 『한 권으로 읽는 쇄미록』을 꺼내 인용했던 곳을 찾았다(인용했던 책들은 손이 잘 닿는 곳에 모아 두는 편이다.) 독자의 지적대로 1557년이 아닌 1597년이 정확한 표기였다. 『쇄미록』은 임진왜란을 전후해 3,368일간 자신의 일상사를 기록으로 남긴 선비 오희문의 일기다. 임진왜란은 1592년에 시작되어 1598년에 끝났으니 책에 쓴 1557년은 오기다.

재판을 찍을 때 수정하겠다고, 잘못을 알려주셔서 감사하다 공손히 말씀드렸다. 전화를 끊고도 한동안 부끄러움에 눈을 감고 있었다. 꼼꼼하게 퇴고를 하지 못한 내 탓이다. 책을 만드는 일은 글쓰기부터 인쇄까지 수많은 단계를 거치기 때문에 언제 어디서 문제가 생길지 예측하기 어렵다. 저자와 편집자의 눈을 요리조리 피해 살아남은 오탈자와 비문의 생명력은 이토록 질겨서, 결국 눈 밝은 독자들에게 덜미를 잡히고 만다. 부끄럽지만 뒤늦게라도 작가의 잘못이 낱낱이 밝혀지는 편이 낫다. 꼼꼼하게 내 글을 읽은 독자가 계시다는 증거일 테니까.

사람이 하는 일이란 완벽할 수 없는 법이다. 무오류여야 할 성경조차 큰 오류를 잡아내지 못하고 출간된 역

사가 있다. 1661년 영국 찰스 1세를 위해 특별히 제작한 『성경』 이야기다. 「출애굽기」 20장 14절, 십계명 중 일곱 번째 계명 "간음하지 말라"Thou shalt not commit adultery에서 'not'이 빠져 "간음하라"라고 잘못 인쇄되고 말았다. 이 성경의 식자공들은 엄청난 벌금(300파운드)을 물어야 했다(처형되지 않은 것만도 다행인지 모른다). 이때 인쇄된 성경은 대부분 회수해 소각했지만 40부 정도가 살아남았다. 그중 한 권이 2018년 소더비 경매에 나와 5만 6,250달러에 낙찰되기도 했다. 'not', 한 단어가 빠져서 수집가의 사랑(?)을 받는 책이 되었으니 책의 입장에선 단어 하나를 내주고 영원한 생명과 맞바꾼 셈이다. 만약 내가 책이라면 오류 없이 평범한 책보다는 수집가나 독서가의 사랑을 받는 오류 있는 책이 되길 선택할 것 같다. 이 성경처럼 수백 년이 흘러도 두고두고 사람 입에 오르내릴 만한 오류라면 더 좋고.+

오탈자는 기자와 편집자로 일하는 내내 나를 괴롭히는 존재였다. 읽는 것은 좋아해도 덜렁대는 성격인 탓에 실수가 잦았다. 기사를 데스크로 넘기고, 최종 원고를 디자이너에게 보내고도 내가 모르고 넘어간 오탈자와 비문이 있지는 않을까 불안했다. 일을 그만두니 내 몸

+ '사악한 성경'(The Wicked Bible)이라는 별명이 붙은 이 책에 대한 이야기는 소더비 사(www.sothebys.com) 웹사이트에 자세하게 실려 있다.

에 안 맞는 옷을 벗은 듯 홀가분했다. 독자였을 때는 오탈자를 찾아내는 일이 재미였으나 그게 업이었을 때는 괴로움이었으니, 같은 일이어도 내가 있는 곳이 어디냐에 따라 마른자리가 진자리로 탈바꿈하기도 하는 법이다. 하지만 헌책만 팔아서는 먹고사는 일이 막막해 또 글 짓고 살펴보는 일을 할 수밖에 없으니, 여전히 내 몸의 절반은 오탈자의 불안에 걸쳐 있는 셈이다.

2015년 책방에서 있었던 일과 책 이야기를 묶어 독립출판으로 『소소책방 책방일지』를 출간했다. 『다산의 한평생』을 소개하는 글에서 오타가 났다. 이 책도 연도가 문제였다. 다산 정약용이 태어난 해(1762년, 영조 38년)와 그가 26세가 되던 해(1787년, 정조 11년)가 잘못 표기되어 있다는 독자의 메일을 받았다. 이미 예약을 받은 책은 택배로 보냈고, 나머지 책(400부쯤 되었다)은 가로 6.5밀리미터, 세로 2밀리미터쯤 되는 수정 스티커를 만들어 일일이 붙였다.

고생이 덜한 정오표를 만들지, 고생을 더할 스티커를 붙일지 고민하다 독자를 위해 후자를 선택했다. 늦은 밤 책방에 앉아 핀셋으로 스티커를 붙이며, 다시는 후회할 일을 만들지 않겠노라 다짐해 놓고 실수를 반복하고

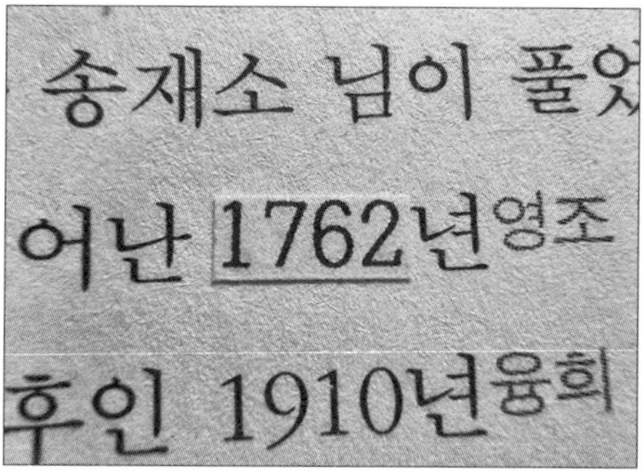
송재소 님이 풀었
어난 1762년영조
후인 1910년융희

있는 나를 스스로 질책했다.

이런 실수가 관계자들을 얼마나 속상하게 만드는지 알기에 다른 책에서 나온 오탈자와 비문에는 너그러운 편이다. 세상에 완벽한 책이 있을 수 있나! 너무나 사랑해서 두 번이나 전체를 필사한 책 A(고민했으나 제목을 밝힐 수는 없다)는 좋아하는 시인이 젊은 시절에 번역한 책이었다. 내가 가진 것이 초판 8쇄였음에도 꽤 많은 오탈자와 비문이 있었다. 8쇄까지 찍는 동안 아무도 출판사에 연락하지 않았을까? 틀린 부분과 의심 가는 부분을 정리해 출판사로 보낼까 하다, 나도 책에 표시만 해 두었다. 이 책이 처음 번역되었던 1996년 즈음 시인이 외국에 있어 서로 소통이 힘들었겠지, 그래서 이런저런 오류도 났겠지 하며 짐작해 볼 뿐이다.

최근 필사를 마친 책 B에도 분명 편집자가 번역자에게 지적할 만한 부분이 여럿 있었다. 아무리 훌륭한 책이라도 읽다 보면 헛바늘처럼 거슬리는 문장이 나오기 마련이다. 개정판이라도 초판의 부족함이 다 채워지는 것은 아니다. 매끄럽지 않다고 잘못된 문장은 아니지만 훌륭한 문장 사이에서 그런 것이 톡 튀어나오면 잠시 읽는 걸 멈추게 된다. 책에 흔적을 남기는 건 싫지만 포스트잇을 붙이고 나름대로 문장을 고쳐 본다. 만약 같은 단어가 반복된다면 하나는 빼고, 잠시 편집자나 번역자, 작가의 자리에서 어떻게 고치면 좋을까 고민한다. 원래 문장이 더 나을 수도 있지만 책의 소유권은 독자인 나에게로 넘어왔으니 이 책을 완성하는 건 내 몫이다.

점점 잔글씨는 어른어른하고 읽기 힘들어서 전자책 리더기를 구입했다. TTS 기능을 이용하면 오디오북처럼 틀어 놓고 일할 때나 운전할 때 들을 수 있다. 눈은 편해도 가만히 책상 앞에 앉아서 책을 펼쳐 놓고 읽는 것과 비교가 안 되게 집중력이 떨어진다. 그런데 갑자기 집중력이 증폭되는 순간이 있다. 이해할 수 없는 부분이 나올 때다. 최근에 읽은 책 C는 맨 마지막 작가 약력에 오류가

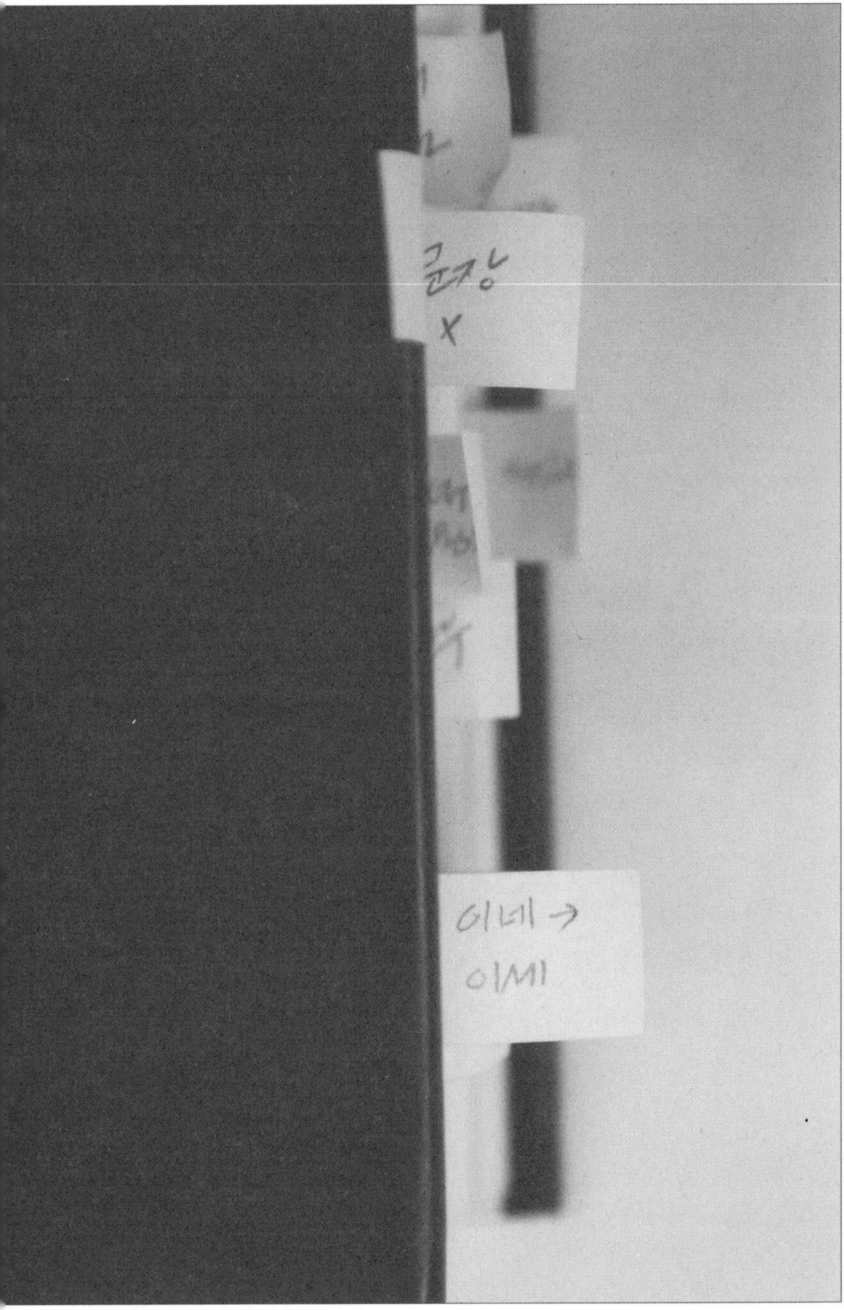

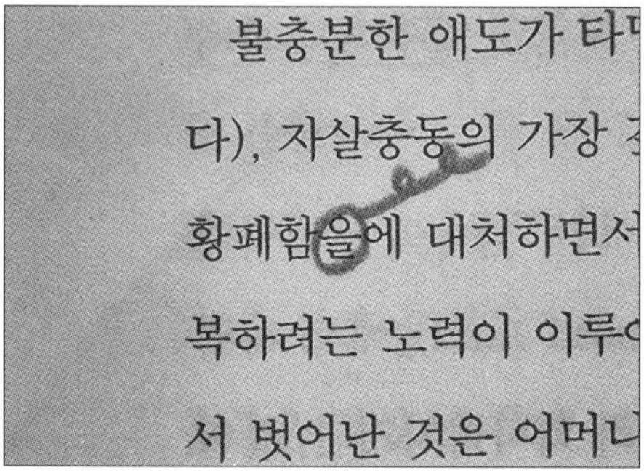
불충분한 애도가 타
다), 자살충동의 가장
황폐함을에 대처하면서
복하려는 노력이 이루
서 벗어난 것은 어머니

있었다. 일곱 살에 대학에 입학했다는 내용이 있어 사실인지 확인해 보았더니 그 대학에서 운영하는 예비학교에 들어간 것이었다.

책 D는 오탈자 때문에 소장하고 있는 특별한 책이다. 저자가 지인에게 연필로 꼼꼼하게 자신의 잘못을 체크하고 수정한 교정본이기 때문이다. 서명까지 해서 선물로 보낸 듯한데 어떤 사정 때문인지 헌책방으로 들어왔다. 이렇게까지 해서 책을 보낼 정도면 얼마나 가까운 사이였을까? 그 저자를 몇 번이나 뵙고 인사드린 적도 있기에 더 비밀스럽고 소중한 책이다. 저자에게 당신의 책을 헌책방에서 발견했다고 말씀드릴 수는 없다. 평생 비밀로 간직할 것이다.

내가 편집자로서 느꼈던 심정 또한 첫 책을 대하는 태도에 큰 영향을 미쳤다. 정말 꼼꼼히 교정과 교열을 봤다고 생각했는데, 막상 책이 인쇄되어 나오고 나면 오탈자라든가 제작상의 결함이 나타나곤 했던 경험이 바로 그것이다. 그때 느끼는 일종의 실망감이 어쩌면 가장 순수한 마음이었을 것이다. 초판본이나 창간호에는 그런 사소하거나 중대한 오류까지도 그대로 드러나 있다. 그래서 '순수한 매체'라는 의미를 부여했다고나 할까. 그런 오류가 '하나의 역사이자 추억'이 아닐까 싶었다. 예컨대, 작가 최인훈 선생은 대표작 『광장』에 녹아 있는 역사적 오류 등을 고치려고 열 번 넘게 작품을 개정했다. 그 과정 자체가 하나의 역사이고 그 시작은 초판이었다.+

충북 제천에서 국내 유일의 초판본과 창간호 전문서점 '처음책방'을 운영하는 책방지기 김기태의 글이다. "책의 오류가 '하나의 역사이자 추억'"이라는 말에 고개를 끄덕일 수밖에 없다. 『광장』은 1960년 『새벽』 지에 원고지 600매 분량의 중편 소설로 처음 발표되었다가, 이듬해에 200매를 추가한 장편소설로 출간되었다. 출간

+ 『한국경제』, 2023년 4월 28일 자, 「오탈자에 결함투성이인데…'처음 나온 책'만 모으는 이유」

55주년을 기념해 마지막 개정판이 나온 것이 지난 2015년이다. 작가가 자신의 작품을 열 번이나 수정하고 보완해 다시 책을 낼 수 있다는 건 기적과도 가까운 일이다. 가장 안타까운 건 오류를 발견한 시점에 책이 더는 나오지 않는 경우다. 책이 팔려야 오류를 수정해서 개정판을 낼 수 있을 텐데 그럴 기회조차 갖지 못하고 사라져 버린 슬픈 운명이다. 내가 쓴 책들도 절반 넘게 절판되었으니 이제 오류를 고치고 싶어도 그럴 수가 없다.

> 24살에 사이먼 앤드 슈스터 출판사에서 교열 일을 하셨던—사실 아버지 혼자 교열부 전체를 책임졌다—아버지는 갑자기 젊은 시절 혈기를 되찾으신 듯 맨해튼의 호화로운 레스토랑에서 메뉴판의 틀린 점을 바로잡아서 나가는 길에 지배인에게 건네주는 것이 일과였다고 자랑했다. 아버지는 심지어 도서관에서 빌린 책에서도 틀린 곳을 찾아 여백을 아름다운 교정 부호들로 장식해 주었는데, 그것은 책을 더럽힌 것이 아니라 "개선"한 것이라 생각했다.
>
> —앤 패디먼, 『서재 결혼 시키기』(정영목 옮김, 지호, 2001)

앤 패디먼의『서재 결혼시키기』에 나오는 아버지에 대한 묘사다. 단순히 읽기만 하는 독자에서 책을 개선할 수 있는 독자가 되는 재미를 느끼려면 독서에 그만한 시간과 공력을 들여야 한다. 지금 손에 쥐고 있는 책이 완벽하지 않다는 믿음을 가지고 작가의 문장을 뜯어보려는 독자야말로 작가가 가장 만나고 싶은 사람일 것이다. 오탈자와 비문을 찾아내는 일은 보물찾기 같은 재미를 준다. 하지만 그것도 정도껏이다. 넘어서는 안 될 선이 존재한다. 그 선을 넘어서는 순간 책이 가진 오류는 제작자들의 인간미를 드러내는 요소가 아닌 평판과 가치를 끌어내리는 무거운 닻이 된다. 그런 책을 낸 작가와 출판사는 당연히 독자에 대한 부끄러움을 가지고 있어야 한다.

어떤 눈 밝은 독자가 이 책을 읽고 꽁꽁 숨어 있던 잘못을 찾아 연락하실지, 벌써부터 두렵다.

16

남의 서재 구경하는 재미

내 인생 최고의 사건은 바로 아버지의 서재였다고 생각해요. 나는 대부분 그곳에서 책을 읽었으니까요.

—호르헤 루이스 보르헤스·윌리스 반스톤, 『보르헤스의 말』 (서창렬 옮김, 마음산책, 2015)

애서가 손형모 선생 댁을 방문했다. 진주문고 창립 40주년(2026년) 맞이 첫 번째 기획 전시회+를 위해 마련한 책들을 보기 위해서였다. 현관문을 열고 아파트에 들어서자마자 아, 감탄사가 터져 나왔다. 방 두 개를 가득 채우고도 책이 넘쳐 거실에도 양면 서가를 설치한 집. 양

+ 「애서가 손형모의 서재: 1909~2025, 장지연에서 김언희까지」라는 전시로, 『시사인』 2025년 8월 14일 자(936호)에 이 전시회에 대한 내용이 자세하게 소개되어 있다.

면 서가를 아파트에서 본 것은 처음이었다. 도서관에서나 볼 법한 물건 아닌가. 처음 서재로 쓰였던 방은 소나무 원목으로 만든 책꽂이가 벽면을 채우고 있었다. 서재에서 가장 눈에 띄는 '책들'은 헨리 데이비드 소로의 『월든』이다.

"여기 있는 『월든』만 100종이 넘을 거예요. 내가 가장 좋아하는 책이라오." 국내외에서 출간된 『월든』이 가지런히 정리되어 있었다. 가장 많은 『월든』을 소유한 장서가가 아닐까 싶다. 그 서가 앞에서 생각했다. 우리 장서가들은 『월든』을 좋아할 수는 있어도 결코 월든 호숫가의 오두막에 만족할 수는 없다고 말이다. 더 많은 책에 공간을 내주어야 하니까, 한 뼘의 빈틈까지 악착같이 찾아 책을 꽂아 넣고 싶은 장서가들에게 소로의 작은 오두막은 이상이지 현실이 될 수 없다.

> 서가라는 것은 재미있는 물건이다. 하나하나의 블록이 특정한 생각하에 형성되어 있다는 게 잘 드러난다. 다른 사람에게는 아무런 의미도 없는 블록으로 보일지 모르지만, 실제로는 그때그때의 생각에 이끌려서 일군의 서적을 모은 결과가 각각의 블록으로 존재하는 것이다.

— 다치바나 다카시, 『다치바나 다카시의 서재』 (박성관 옮김, 문학동네, 2016)

장서가의 기질을 가진 이들은 어둡고 구석진 곳, 남의 눈에 띄지 않는 공간에 숨어 조용히 책 읽기를 바라면서도, 다른 이의 서가에 어떤 책이 꽂혔는지 보고 싶어 하는 욕망 또한 가지고 있다. 독서 취향이 겹치는 이라면 더더욱 서재를 구경하고 싶어 안달이 난다. 그렇다고 그의 서재에서 이러쿵저러쿵 평가하거나 지식을 뽐내는 것은 예의에 어긋난다. 빠르게 문에서 가장 가까운 책꽂이 위쪽부터 아래쪽으로 한 번도 못 본 책이 있는지, 애타게 찾는 중인 절판본이나 희귀본이 있는지, 내가 가진 책들과 제목이 겹치는지 허술한 듯 날카롭게 살펴봐야 한다.

단순히 책등만 살피는 것으론 부족하다. 서재에 어떤 가구가 있는지, 책상 위에는 어떤 소품이 있는지도 중요하다. 아직도 마음에 드는 독서대를 구하지 못했으니 그가 만약 완벽한 기능을 뽐내는 독서대를 가지고 있다면 잊지 말고 어디서 구입했는지 물어야 한다. 펜, 노트, 연필꽂이, 문진, 독서등 등등…… 책과 독서에 관련된 모든 소품이 장서가들의 관심거리다. 책상이나 의자, 가구의 배치도 중요하다. 그가 평소 정리벽이 있고 일처리가 깔끔한 사람이라면 그 성격대로 공간을 효율적으로 활용했을 것이다.

> 사실 매일매일 사들이는 바람에 점점 늘어나는 방대한 양의 책을 충분히 수용할 만한 서가를 가진 책 중독자가 어디 있을까? 그런 정도로 충분한 공간을 가진 사람은 절대로 없다. 그래서 우리 책 중독자들은 그냥 방바닥에, 탁자 위에, 침대 옆에, 욕실에, 어디든 온갖 곳에다 책을 쌓아 둔다.
>
> —톰 라비, 『어느 책 중독자의 고백』(김영선 옮김, 돌베개, 2011)

“서재는 그 주인의 인생을 들여다볼 수 있는 작은 성소聖所와 같다.” 사진잡지 『포토넷』에 「사진가의 책가도」를 연재하며 썼던 글이다. 누군가의 서재, 서가를 구경하는 일은 언제나 설레고 흥분된다. 남의 서재에서 오랫동안 찾던 책이라도 만나면…… 꿈에 그리던 연인과 재회한 심정이랄까. 책이 많은지 적은지, 어떤 책들을

품고 있는지는 별로 중요치 않다. 책을 사랑하는 사람의 향기에 취하고 돌아서서는 내 독서의 모자람을 되짚을 수 있는 공간이니 어떤 서재라도 소중할 수밖에.

지금껏 만난 서재 가운데 가장 완벽하게 정리된 서재를 가진 이는 사진가 홍순태 선생(1934~2016)이다. 2009년, 「사진가의 책가도」 연재를 위한 인터뷰차 선생 댁을 찾았다. 선생은 넓은 단독주택 2층 전체를 서재로 쓰고 있었다. 1972년부터 2000년까지 오랜 세월 대학 강단에서 사진을 가르쳤던 선생의 서재는 작은 생활사 박물관에 가까웠다. 쉽게 해외에 나갈 수 없던 1970년대부터 외국을 돌아다니며 모아온 기념품들과 사진, 슬라이드 필름이 완벽하게 정리되어 있었다.

무엇보다 부러웠던 건 『론리 플래닛』과 여러 여행 가이드북을 한데 모아둔 책꽂이였다. 색깔별(『론리 플래닛』 시리즈는 파란색, 넥서스의 『엔조이 세계여행』 시리즈는 노란색 등등)로 정리해 둔 그 책꽂이는 그대로 집으로 훔쳐 가고 싶을 지경이었다. 만약 내게 마음껏 쓸 수 있는 공간이 주어진다면 그 여행 가이드북 책꽂이를 그대로 복사해 와서 옆에 해먹을 달아매 놓고 느긋하게 방구석 여행자로 변신하고 싶다. 세계 여러 나라의 맥주

차라투스트라는 이렇게 말했다
소로우의 일기 1837~1861
소로우의 일기 1837~1861
소로우에서 랭보까지, 길 위의 문장들
월든 숲속의 생활
WALDEN
HENRY DAVID THOREAU
WALDEN
헨리 데이빗 소로우
도끼 섬
월든
WALDEN
Thoreau
A Week, Walden
The Maine Woods
Cape Cod
소로의 일기
카알라일
WALDEN
월든
월든
월든
월든
월든 Walden
Henry David Thoreau
월든
H. D. 소로
월든
월든
월든
월든

소로우와 에머슨의 대화
소로우의 강
강에서 보낸 철학과 사색의 시간
갈라파고스
월든
The Writings of Henry D. Thoreau
Journal
Volume 8: 1854
Princeton
The Writings of Henry D. Thoreau
Journal
Volume 5: 1853
Princeton
The Writings of Henry D. Thoreau
Walden
Princeton
Henry David Thoreau
헨리 데이비드 소로
RICHARDSON
HENRY THOREAU
HENRY DAVID THOREAU
Wild Fruits
NORTON
HENRY DAVID THOREAU
WALDEN AND OTHER WRITINGS
Emerson
Essays and Lectures
THE LIBRARY OF AMERICA
Thoreau
Collected Essays and Poems
THE LIBRARY OF AMERICA
씨앗의 희망
갈라파고스
LETTERS TO A SPIRITUAL SEEKER
NORTON
THOREAU
HENRY DAVID
THOREAU
LAURA DASSOW WALLS
CHICAGO
MAYNARD
WALDEN POND
A History
OXFORD
THOREAU
WALDEN
SHAMBHALA
THOREAU
Walden

를 냉장고에 넣어 둔다면 더 완벽할 것이다.

만약 이 책을 읽는 여러분이 책을 자식처럼 사랑하는 장서가의 서재를 방문할 기회를 얻었다면 반드시 지켜야 할 수칙이 있다.

1. 서재에 들어서면 먼저 “책을 위한 멋진 공간이군요!”라고 칭찬하라.
2. 아무리 보고 싶은 책이 있어도 주인의 허락 없이는 만지지 말라.
3. 서가에서 책을 뽑을 때는 책머리나 꽃천이 있는 끄트머리를 잡고 꺼내지 말고 책등 중간 부분을 잡아야 한다.
4. 책을 펼칠 때나 넘길 때 과하게 힘을 주거나 재채기를 해서 침이 튀는 일이 없도록 조심하자.
5. 주인이 남긴 메모나 책갈피, 포스트잇은 절대로 옮기지 않는다.
6. 책을 꺼내 보았다면 “잘 보았습니다” 인사하고 다시 제자리에 꽂는다. 모든 과정에서 책과 서재에 흔적을 남기지 않는다.
7. 나의 장서, 서재와 비교하지 않는다.

이중 3번이나 4번은 서점이나 도서관에서 책을 볼 때도 해당된다. "책등에 금이 가게 하는 자는 즉시 이 서재의 주인에게 보고할 것이며, 그런 자의 두개골에도 금이 갈 것이다."라고 한 톰 라비 정도는 아니더라도, 방문객의 예의 없는 행동은 서재 주인의 마음을 상하게 할 것이다. 책은 생각보다 그리 튼튼한 물건이 아니며, 특히 오래된 책은 조금만 험하게 다뤄도 종이가 바스라지고 책등이 벌어지고 면지가 찢어진다. 책꽂이에서 빼고 넣는 그 짧은 순간에 책이 상할 수 있음을 유념하자. 특히 아이들과 함께 서재를 방문했다면 얌전히 행동하도록 미리 따끔하게 주의를 주어야 한다. 시인 윌리엄 블레이즈는 소중한 책을 지키기 위해선 아이들 조심하라고 일렀다. 특히 '파괴적인 성향을 가진' 남자아이들을.

> 남자 아이들은 또 입에 한가득 사탕을 문 채 끈적거리는 손가락을 빨면서, 당신의 서가 맨 아래쪽에 꽂혀 있는 책들을 꺼냈다 집어넣기를 여러 차례 반복한다. 그들은 책들이 훼손되든지 말든지 전혀 관심이 없다. 아마도 누군가는 시 운율의 장단을 망가뜨린 데 대해 호라티우스의 유령에게 용서를 빌면서 기꺼이 이렇게 외

칠 것이다.
불안한 나머지 속까지 뒤집힌다.
끈적끈적한 손으로 꼬마들이 책을 만지다니.

— 윌리엄 블레이즈, 『책의 적』(이종훈 옮김, 서해문집, 2005)

내 집만큼 편한 남의 서재가 있다면 믿지 않겠지만, 실제로 내겐 그런 서재가 있다. 강원도 양양 산골에 사는 박성진 시인의 서재다. 그와는 형님, 아우 하며 지낸다. 아픈 몸으로 오랜 시간 벼리고 벼린 시를 소소책방 이름으로 묶자고 꾄 큰 잘못+을 저질렀음에도 강원도에 갈 때마다 자신의 서재를 잠자리로 내어준다. 그대로 옮겨 작은 서점을 하나 차려도 될 만큼 훌륭한 그의 서재는 숲 가장자리에 자리 잡고 있어 밤이 되면 고요에 휩싸인다. 가끔 짐승 우는 소리가 들릴 때도 있다. 10평쯤 될까. 사방이 책으로 둘러싸인 그의 서재는 그가 어떤 삶을 살아왔는지, 어떤 길을 가고 싶은지 알려 주는 공간이다. 이곳에서 웅크리고 『숨』에 실린 시들을 썼다는 걸 생각하면 뭉클하기도, 애틋하기도 하다.

이루지는 못했지만 꼭 한번 찾아가고 싶었던 서재

+ 박성진 시인의 시집 『숨』은 2016년 소소책방에서 나왔다가 절판되고, 2018년 펄북스에서 다시 출간되었다.

도 있다. 『메멘토모리, 죽음을 기억하라』, 『한국인의 신화』 등 70여 권의 저서를 남긴 인문학자 김열규 선생(1932~2013)의 서재다. 지금은 나오지 않는 잡지 『브뤼트』에 출판기획자 김영훈이 취재한 기사를 읽고 어떻게든 연을 만들어 뵙고 싶었다. 가까운 경남 고성에 계신다는 이야기를 들은 터라 더 조바심이 나기도 했지만 꿈을 이루지는 못했다. 책방을 열었던 그해 선생이 돌아가셨다는 소식을 들었다. 선생의 일기와 원고 등 서재의 일부였던 유품 134점은 고성박물관에 소장 중이다. 고성박물관 북카페에 가면 '한국을 품은 인문학자 김열규'라는 특별 공간이 있다.

장서가에게 치열하게 연구하고 글을 썼던 학자의 서재만큼 매력적인 공간은 없을 것이다. 단순히 책을 소유하는 것이 아니라 그 책을 자양으로 새로운 책을 만들어 내는 공간이 아닌가. 김영훈이 김열규 선생의 서재를 묘사한 글이다.

> 서재의 정리는 그 책들의 고귀함에 비할 데 없이 허술했다. 방치된 책들의 서가는 어렴풋이 소유의 개념이 아니라 독서를 위한 책이 존재한다는 사실을 일깨워 주

> 었다. 내가 그토록 찾아 헤맨 책들이 화석처럼 낡은 책장 안에 고스란히 꽂혀 있었다. 그 모든 책을 자루에 담고 싶은 충동을 느꼈다. 7월의 더위와 내리는 비를 바라보며 나는 잠시 멈춰 버린 시간 속에 있었다. 나는 그 방에서 홀로 머물며 낡은 책에 잠시 취했다.+

서재가 없어도 꾸준히 책을 읽고 사랑한다면 그걸로 충분하다고 말하고 싶지만, 온전히 책만을 위한 공간을 갖고 싶은 마음을 어찌할 도리가 없다. 몇 년 전 3평도 안 되는 작은 서재를 가졌을 때의 내 기쁨은 이루 말할 수 없었다. 책방이 있는데 무슨 서재가 필요한가 반문할 수도 있겠지만, 나의 경험으론 책방은 절대로 서재를 대신할 수 없다. 이 책의 독자들이라면 책 속에 파묻혀 밖으로 나오고 싶지 않은 마음을 이해하리라.

서재를 마련했다고 해서 끝이 아니다. 서재에 생명을 불어넣는 건 책을 손에 놓지 않고 사랑하는 주인에게 달렸다. 마지막으로 장샤오위안의 충고를 기억하자.

> 서재의 생명은 주인이 죽기 전에 끝나기도 한다. 일찍이 진심으로 책을 사랑했으나 이후에 영욕의 세월에 빠

+ 『브뤼트』, 2009년 9월호, 「김열규 교수의 오직 독서를 위한 오래된 서재」. 이 호에는 김한민 작가와 북칼럼니스트 박승호 이화여대 교수의 서재도 함께 소개되어 있다.

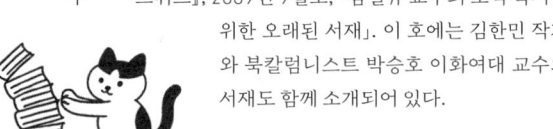

져 발을 빼지 못하는 사람의 경우가 그렇다. 젊은 시절 누추했던 그들의 서재는 생기발랄했지만 이후의 서재는 거짓된 문화에 타락한 장식품이 되고 만다. 공명을 얻은 후 그들의 서재는 번듯하고 화려해지며 내부는 다른 사람이 보낸 호화양장본으로 가득차게 된다. 그런 이들은 물론 때때로 서재를 방문객에게 자랑하곤 한다. 그러나 그런 서재에는 이미 생명이 없다.

— 장샤오위안, 『고양이의 서재』(이경민 옮김, 유유, 2015)

17

망가진 책 고치는 재미

책에는 귀중한 지식과 이야기와 인생과 역사가 빼곡히 들어 있단다. 이것들을 잊지 않도록 미래로 전해주는 것이 를리외르의 일이다. 고치고 다시 튼튼하게 제본할 때마다 책은 새 생명을 얻는 거란다.

—이세 히데코, 『나의 를리외르 아저씨』(김정화 옮김, 청어람미디어, 2007)

망가진 책들을 마주하면 슬프다. 특히 오래 손때 묻은 책, 아끼던 책이 온전한 상태가 아니라면 더더욱. 이런 일을 미리 막을 수 있다면 좋겠지만 책도 세월을 이길 수 없고, 사람의 손을 많이 탈수록 낡고 상처가 나기 마련이다. 동네 헌책방까지 들어오는 책들은 오래 방치되어 있다가 더는 보관할 수 없어 폐지로 처리하기 전에 팔려오는 것이 대부분이다. 아예 폐지로 버려졌다가 폐기물 재활용업체에서 살아 돌아오기도 한다. 그런 책들은 속이든 겉이든 어딘가 망가져 있기 마련이다.

훼손되어서 고칠 수 없거나 손을 본다 해도 그 정성과 노력에 비해 책의 가치가 떨어지는 경우엔 어쩔 수 없이 포기하지만, 당장은 책값이 저렴해도 앞으로 구하기 힘들어지겠다 싶은 책이라면 시간을 들여 수리한다. 책 제본공인 클리외르의 솜씨를 가질 수는 없겠지만 책방지기나 헌책방을 무시로 출입하는 장서가라면 책이 망가지는 상황을 견디지 못해 자연스레 기본적인 책 수리법을 익히게 된다.

> 대체로 책 수선의 모든 과정이 그렇긴 하지만, 특히나 책등 수선엔 더 많은 인내심이 필요하다. 단, 인내심을 가지되 늦어선 안 되고, 서두르되 과격해져서도 안 된다. 책등이 망가졌다는 건 어찌 보면 책이 가장 약해진 상태라는 뜻이기 때문에 속도를 낼 때와 기다릴 때의 균형을 잘 잡아야 한다.

— 재영 책수선, 『어느 책 수선가의 기록』(위즈덤하우스, 2021)

책을 수리할 때는 인내심이 필요하다. 빠르게 작업을 하려고 욕심을 부리다 오히려 더 상황을 악화시키기도 한다. 망가진 책을 다루는 일은 종이를 잇고 붙이는 일이 대부분이다. 느릿하게 즐기며 수리하는 것이 좋다. 책방에 들어오는 망가진 책들을 살펴보면 책등이 벗겨져 있는 경우가 가장 많다. 책꽂이에 꽂을 때나 가방에 넣어 다닐 때 책등 아래위 모서리가 주변과 부딪쳐 벗겨진 것이리라. 책등 상처는 바로 풀이나 접착제로 수선하면 더 커지지 않는데 그렇게 하는 독자가 얼마나 있을지 모르겠다. 우리 몸도 작은 병을 그대로 두면 큰 병이 되듯, 책에 작은 상처가 났을 때는 바로 수선하는 것이 좋다. 그리고 책의 표지나 내지가 찢어졌을 때 테이프를 쓰는 건 금물이다. 오래 가지도 않을뿐더러 시간이 흐르면 경화되어 갈라지거나 얼룩을 남긴다. 가능하면 상황에 맞는 순간접착제나 풀을 사용하자. 풀이 잘 스며들지 않는 두꺼운 종이를 붙일 때는 순간접착제 031을, 얇은 종이가 찢어졌을 때는 순간접착제 401을 쓰면 좋다. 책등이 벌어졌을 때는 목공용 풀이 도움이 된다.+ 이런 상황을 마주할 일이 없길 바라지만 알아두면 분명 써먹을 날이 올 것이다. 이 접착제 세 가지만 서랍 속에 있다면 를리외르 부럽지 않게 웬만한 수리는 직접 할 수 있다.

폐기물 재활용업체 출신 다음으로 상처가 많은 책들은 보통 도서관 출신이다. 도서관에서 폐기하는 책들이 재활용업체에 갔다가 헌책방까지 오는 경우도 있는데 이런 책은 상태가 더 나쁘다. 도서관 책들은 많은 사람들의 손을 타니 폐기된 책이 온전하다면 그건 인기가 없었다는 증거일 수도.

도서관이라 해도 마냥 장서를 늘릴 수는 없다. 공간이 한정되어 있으니 매년 도서관이 보유한 모든 장서의 7퍼센트까지 도서관장의 재량으로 폐기하고, 빠진 자리만큼 신간을 구입한다. 낡고 망가지고 이용자가 찾지 않는 책은 폐기물 재활용업체로 넘어간다. 그렇게 버려졌다가 구사일생해 책방에 들어온 책들은 우선 가능한 한 도서관 흔적을 지우려고 노력한다. 나로선 사실 그런 흔적도 좋지만, 헌책방을 찾는 손님 대부분은 도서관에서 나온 책을 꺼린다. 예전엔 단골 헌책방에서 도서관 출신

+ 책 수리법이 궁금한 독자에게 『느릿느릿 배다리씨와 헌책수리법』(6699PRESS, 2014)을 추천하고 싶다. 상황에 따라 어떤 도구를 써서 수리하는지 초보자도 쉽게 따라할 수 있도록 알려 준다. 아쉽게도 현재 절판.

책들을 더 저렴하게 구입해 오기도 했다.

들어온 책들 중에 어떻게든 살릴 책을 골라 먼지를 털어 내고, 얼룩을 지우고, 찢어진 곳을 붙이고, 책등과 표지에 붙은 라벨을 제거한다. 책등에는 청구기호가 적힌 라벨이, 표지에는 보통 어느 도서관 소유인지 알려 주는 라벨이 붙어 있다. 책머리나 책배, 면지나 표제지에 찍힌 관인은 없애기 힘들지만(책머리나 책배에 찍힌 관인은 제단기를 써서 제거할 수도 있다), 라벨 스티커는 깔끔하게 제거한다. 코팅이 안 된 표지에 붙은 라벨은 그냥 두는 편이 낫다. 괜히 제거하려다 오히려 표지가 망가지기 쉽기 때문이다.

스티커를 빠르고 깔끔하게 제거하려면 요령이 필요하다. 스티커 제거제, 플라스틱 카드(사용하지 않는 교통 카드나 포인트 카드면 된다), 칼, 히팅건(없으면 헤어드라이어), 물티슈 등이 필요하다. 책등에 붙은 라벨은 먼저 칼집을 내고 히팅건으로 살짝 열을 주면 접착제가 녹아서 잘 떨어진다. 열이 너무 강하면 표지 코팅면이 울 수 있으니 조심해야 한다. 비닐 스티커를 먼저 제거하고 남은 라벨에는 스티커 제거제를 충분히 뿌려 불린다. 그다음 플라스틱 카드로 살살 밀어 내면 대부분 깨

FASHION WEEK
100 MOVIE
A TOUCH OF CODE
퓰리처상 사진
논쟁이 있는 사진의 역사
DIRECTORY OF ILLUSTRATION
LENNON
An Illustrated Life of John Len
NAKED
PIANO

끗하게 떨어진다. 오래된 책들은 스티커의 접착제가 딱딱하게 굳어 애를 먹기도 한다.

어쩌면 책에게 가장 위협적인 존재는 '공공'公共 인 듯하다. 모든 사람이 주인이기도 아니기도 한 물건의 운명은 짧은 시간에 비극으로 끝맺는 경우가 많다. 똑같은 물건이 그걸 귀하게 여기는 어느 한 사람의 소유인 것과는 전혀 다른 운명이다. 도서관 책은 사랑 받고 독자를 많이 만날수록 책등이 분리되고, 내지가 찢어지고, 면지가 너덜거리고…… 결국 질긴 제본실과 강력한 접착제조차 대중의 우악한 손길을 이겨내지 못해 내지와 표지가 이산가족이 된다.

몇 년 전 대구 예술발전소 만권당으로부터 사진집과 화집 수리를 의뢰받은 적이 있었다. 어떤 책들은 택배로 오는 중에 더 심하게 망가지기도 했다. 닳거나 찢어진 건 그나마 나은 편, 책등이 아예 떨어져 나가거나 표지가 분리되어 새 실로 꿰매고 세양사와 면지를 아예 새로 해야 하는 책이 많았다. 그런 책들은 수리하는 데 드는 시간과 비용이 만만치 않지만 책이 비싸 새로 구입하기 어렵거나 절판되어 구하기 힘든 책이면 어쩔 수 없는 듯하다. 도서관 책도 내 책인 듯 소중하게 다룬다면 이렇게까지 되진 않았을 텐데. 수리를 하지 않으면 폐기할 수밖에 없을 정도로 상태가 나쁜 책이 대부분이라, 그 책들을 수리해 되돌려 보낼 때의 기쁨이 막대했다.

지금 책상 위엔 어두운 표지를 가진 『죽은 자들의 웅성임』과 책갈피 겸용으로 사용하는 10센티미터짜리 작은 쇠자가 놓여 있다. “날마다 좋은 날되소서 ㅡ 송광사 기념”이라고 음각된 쇠자의 머리 쪽에는 심우도의 한 장면이 작게 그려져 있다. 득우인지 기우귀가인지 알기 어렵지만 소를 잃어버린 소년이 소를 찾아 고삐를 쥐고 집으로 돌아가는 그림이다. 언제부터 이 자를 썼는지는 기억나지 않는다. 20년도 훌쩍 넘은 듯하다. 이 쇠자의 용도는 접힌 내지를 펴는 것이다. 손가락으로 펴는 것보다 훨씬 편하다. 쇠자의 뾰족한 가장자리를 접혀 있는 종이에다 밀어 넣고 펴서 넘긴다. 『죽은 자들의 웅성임』을 읽은 독자는 이 책에서 기억하고 싶은 부분이 많았던 모양이다. 괴로운 일이 많았던 걸까. 아래위 모서리 가리지 않고 접어 둔 분량이 전체 페이지의 4분의 1은 되는 듯하다. 내지를 접거나 책을 펼쳐 엎어 놓는 행위는 무심결에 책을 상하게 한다. 독자가 책을 하도 접어 두어 처음 이 책을 쥐었을 때는 책배가 부풀어 있었다. 내지를

펴기 위해 책을 펼쳤다가 자꾸만 글에 눈이 간다. 앞서 이 책을 읽은 독자가 나에게 바통을 넘긴 느낌이다.

이 책의 부제는 '한 인문학자가 생각하는 3·11 대재난 이후의 삶'이다. 2011년 동일본 대지진이 일어난 이후 2만 명 넘는 사람들이 죽거나 행방불명되었다. 후쿠시마 원전 사고로 오염된 주변 지역은 사람이 살 수 없는 곳으로 변했고, 주민들은 정든 고향을 두고 다른 곳으로 떠나야 했다. 이 책은 그들의 이야기를 담고 있다. 나도 2015년에 동일본 대지진이 일어난 도호쿠 지역을 찾았다. 후쿠시마 원전에서 4킬로미터 떨어진 나미에초까지 갔었다. 폐허가 된 마을들을 지나며 지진과 원전이 얼마나 위험하고 그곳에 사는 사람의 삶을 얼마나 황폐화할 수 있는지 눈으로 직접 확인했다. 접힌 모서리를 펴는 내내 나도 모르게 본문을 읽다, 저자가 관음보살을 보았던 꿈 이야기를 친한 불교학자에게 털어놓는 내용에 잠시 눈길이 멈추었다.

> 불교의 지관행(지는 정신을 집중하고 마음을 정숙하게 한 상태, 관은 대상을 있는 그대로 관찰한다는 의미로, 천태종에서 주로 쓰는 암상법이다)을 실천할 때도

고통에 대한 관찰은 중요하지. 사심을 멈추고 세간을 있는 그대로 조용히 보면 관음처럼 모든 괴로움이나 번뇌의 목소리를 들을 수 있지. 진실로 청정한 자비의 마음은 그곳에서만 나오지 사심에서는 나오지 않아.

— 이소마에 준이치, 『죽은 자들의 웅성임』

(장윤선 옮김, 글항아리, 2016)

한번 접힌 종이는 다시 편다 해도 그 자국이 잘 사라지지 않는다. 낡은 책들을 살펴보면 접혔던 곳이 가장 먼저 바스라져 떨어진다. 재난에서 살아남은 사람들의 슬픔도 접어 둔 자국과 마찬가지 아닐까. 아무리 세월이 흐른다 해도 사랑했던 사람들과 고향을 잃어버린 그 슬픔은 희미해질지언정 잊히지 않을 것이다. 사심을 멈추고 있는 그대로 그 슬픔을 바라보는 일은 나 같은 범인으로선 힘들 듯하다. 그걸 이겨낸다면 기우귀가의 깨달음으로 가는 길을 찾을 수도.

오늘도 접히거나 찢긴 곳을 어떻게든 펴고 수리하며 그저 소소한 마음의 평화를 얻는다.

18

초판본, 절판본 구하는 재미

언젠가 뉴먼+의 『대학의 이상』Idea of a University에 대해 문의하셨죠. 이 책의 초판에 관심이 있으실지 모르겠습니다. 한 부를 구입했는데, 세부 설명은 다음과 같습니다.

— 헬렌 한프, 『채링크로스 84번지』(이민아 옮김, 궁리, 2011)

애서가나 장서가라면 누구나 초판본이나 절판본에 애정을 가질 수밖에 없다. 다른 사람에겐 없는 책을 소유한다는 기쁨을 무엇에 비길까. 서점에서 책을 살펴볼 때면 습관처럼 판권지를 확인한다. 초판인지, 초판이 아니라면 얼마나 중쇄를 했는지 본다. 베스트셀러라면 짧은 기간

\+ John Henry Newman(1801 ~ 1890), 영국 국교회의 개혁에 힘쓴 성직자였다가 나중에 로마 가톨릭의 부제 추기경이 되었다.

에 여러 번 중쇄를 했을 테고 초판본을 구하기 쉽지 않을 것이다.

베스트셀러의 초판본은 책 수집가에겐 그리 매력 있는 대상이 아니다. 아무도 관심을 갖지 않지만 언젠가 그 가치를 인정받을 수 있는 책의 초판이어야 한다. 하지만 책의 미래는 아무도 예측할 수 없다. 베스트셀러가 될지, 아니면 초판조차 팔지 못하고 잊힐지. 작가도, 편집자도, 출판사도 그걸 알 수 없으니 베스트셀러가 되길 바라며 끊임없이 글을 쓰고 책을 만드는 것이다. 모든 책이 베스트셀러나 스테디셀러가 된다면 좋겠지만 그럴 확률은 너무나 낮고, 많은 책들이 독자의 선택을 받지 못하고 서점 매대에서 사라진다. 그러고 나면 다시 조명받기 어렵다. 아주 가끔, 재조명되는 일이 일어난다. 슬프게도, 대부분 작가의 죽음이 이유인 듯하다.

한문으로 된 고서를 제외하고 20세기 이후 국내에서 출간된 책 가운데 초판본으로 가장 높은 가격에 판매된 것은 지난 2023년 경매에서 1억 6,500만 원에 낙찰된 김소월의 『진달래꽃』이다. 1926년 매문사에서 펴낸 『진달래꽃』에는 「산유화」 등 모두 127편의 시가 실려 있다. 『진달래꽃』 초판본은 이미 2015년에 1억 3,500만

원에 팔려 최고가를 세웠다가, 2023년 2월 1억 5,100만 원에 낙찰된 만해 한용운의 『님의 침묵』에 의해 그 기록이 깨졌다. 그러다 몇 개월 만에 다시 『진달래꽃』이 초판본 최고가의 자리를 탈환했다. 『님의 침묵』 초판본은 만해 한용운이 독립운동으로 옥고를 치르고 1925년 강원도 백담사에 머물며 「님의 침묵」을 완성한 이듬해인 1926년에 나왔다. 회동서관에서 모두 88편의 시를 모아 출간했다. 1934년 한성도서주식회사에서 재출간했지만 일제가 금서로 지정했다.

『진달래꽃』 초판본보다 더 높은 값에 팔린 작품이 있으니, 바로 1908년에 출간된 『혈의 누』 재판본이다. 우리나라 최초의 신소설로 꼽히는 이인직의 『혈의 누』 재판본은 2025년 코베이옥션에서 2억 5천만 원에 낙찰됐다. 만약 초판본이었다면 값이 더 크게 올랐을 것이다. 하지만 이인직은 이완용의 비서로 일하는 등 친일 행적이 뚜렷한 인물이고, 『혈의 누』가 『님의 침묵』이나 『진달래꽃』보다 높은 값에 팔렸다는 건 아쉬운 일이다. 이 경매에는 백석의 『사슴』 초판본도 함께 출품돼 1억 5,800만 원에 낙찰되었다.

> (딱지본은) 요즘엔 헌책방에 가도 좀처럼 눈에 띄지 않지만, 예전에는 구석에서 심심찮게 찾을 수 있던 겉표지가 화려한 원색으로 된 손바닥만 하고 얄팍한 출판물을 가리키는 말이다. 그 표지가 색색으로 된 원색으로 '딱지' 같다고 해서 얻게 된 별칭이다. 앞서 이인직의 '혈의누'나 '귀의성' 같은 소설들은 신문에 연재되고 난 뒤면 어김없이 이 딱지본으로 출간되곤 했고, 일제강점기를 전후한 언론 통제의 시대에 마땅히 연재할 신문을 얻지 못했던 수많은 무명작가들은 자신이 쓴 원고를 당시 출판사 격인 서방書房이나 서관書館 등에 매절 계약으로 넘겨 이름 없이 딱지본으로만 소설을 발표하는 일도 흔했다.+

『혈의 누』도 『만세보』에 연재된 후 당시 서울에 있던 광학서포에서 딱지본으로 만들어 팔았다. 딱지본의 경우 인쇄 상태나 제본 상태가 허술했다. 대중소설을 큰돈 들이지 않고 빠르게 인쇄해 대량으로 판매하기 위한 형태였다. 그런 『혈의 누』가 재판이긴 해도 상당히 깨끗한 상태로 경매에 출품되었다는 건 소장자가 가치를 알고 지금껏 보관을 잘했다고 볼 수밖에 없다. 초판본이 발

+ 『경북매일』, 2022년 10월 28일 자, 「태평양 너머에서 온 울긋불긋한 소식」

견디지 않는 이상 앞으로도 가치가 더 오를 수밖에 없으리라. 이런 책이 모이는 헌책방은 점점 줄어들고, 운 좋게 헌책방에서 책더미를 뒤져 이런 책을 구할 수 있는 시절도 거의 끝나가고 있다. 만약 초판본이나 절판본 수집에 관심이 있다면 번역 작품보다 국내 작가의 작품이 나을 테고, 이미 가격이 많이 오른 해방 이전 책보다 해방 이후 1950~1970년대에 나온 작품을 눈여겨보는 것이 어떨까 싶다. 무엇보다 한 분야에 집중해서 안목을 키우는 것이 중요하다.

정작 나는 초판본이나 절판본 수집에 크게 관심이 없는 편이다. 헌책방을 다니다 눈에 띄는 책이 있으면 주머니 사정이 허락하는 한도 내에서 구입하는 정도. 주변 사람들에게 상허 이태준 선생의 『무서록』 초판본을 구할 수 있다면 책방에 있는 모든 책을 넘겨도 좋다고 농담 삼아 이야기할 때가 있지만 실현 불가능한 일일 듯하다. 만약 그런 일이 생긴대도 『무서록』 초판본을 가진 사람이 그 조건으로 거래를 해 줄 것 같지도 않다. 수집도 너무 과하게 몰입하면 탈이 생기기 마련이라 적당한 선에서 멈추는 것이 좋다. 하지만…… 열정적인 책 수집가에겐 어림도 없는 이야기다.

책 수집가라고 할 수도 없고 다른 이들에게 자랑할 만큼 비싸게 팔릴 만한 초판본이나 절판본을 가지고 있지도 않지만 아끼는 오랜 책이 여럿 있다. 1971년 농촌진흥청에서 펴낸 『한글농업용어집』은 출판사를 통해 정식으로 출간된 책이 아니라 무료 배포를 위해 만든 책자다. 한자말과 일본말로 된 농업용어 3천 단어를 쉬운 우리말로 고쳐 실었다. "1968년 박(정희) 대통령 각하의 역사적인 한글전용화 지시에 따라" 농업용어한글전용연구위원회를 꾸리고 한글학회의 감수를 받아 이 책자를 완성했다. 이 책은 박정희 대통령의 공과를 따질 때 공으로 넣을 만하다.

감리교 본부 총리원 교육국에서 1965년 펴낸 『캠핑』은 보여 주는 사람마다 표지 디자인이 그 시절 나온 책이 아닌 것 같다며 놀란다. 수원 남문서점에서 바닥에 놓인 상자를 뒤적이다 이 책을 보는 순간 "예쁘다!" 하고 탄성을 질렀다. 손 안에 쏙 들어오는 가로 92밀리미터, 세로 175밀리미터 판형에다 붉은색 제호와 하늘, 초록 바탕색이 너무나 잘 어울렸다. 1950~1960년대 나온 책 가운데서 모양새만 보고 감탄한 것은 모윤숙의 『렌의 애가』 초판본, 이승만 대통령의 여든 생일을 맞아 펴낸

한글농업용어집
(3,000 단어)
농촌진흥청

『헌수송』과 『캠핑』 정도다. 판형과 장정이 딱 좋아하는 스타일이다. 아쉽게도 장정을 맡은 이의 이름은 찾지 못했다. 『캠핑』은 우리나라 최초의 캠핑 교본이다. 지은이는 손명걸, 이재은, 차현회 목사. 내용을 보면 외국 캠핑 교본을 참조해 우리 실정에 맞게 원고를 쓴 듯하다. 머릿말에서 당시 교육국 총무 전종옥 목사는 이 책의 의의를 이렇게 밝혔다.

> 무엇보다도 아직 우리나라에 캠핑에 관한 이렇다할 캠핑 안내서가 없었던 탓으로 이제 젊은이들의 빗발치는 듯한 요구에 응하여 『캠핑』이란 책자를 내놓게 된 것이다. 한국에서 최초로 발간된 캠핑지도서란 점에서도 큰 의의가 있으며 그 풍부한 내용은 캠핑을 즐기는 젊은이들에게 좋은 벗이 될 것을 의심치 않는다.

196쪽, 분량이 많지 않으나 구성과 내용이 알차다. 외국 캠핑 교본을 그대로 번역한 듯한 곳도 있지만, 책을 편집하고 만든 이들이 내용을 두고 고심한 흔적이 곳곳에 보인다. 예를 들면 모닥불을 피우고 함께 노래 부르는 부분에서 "한국 노래로 마땅한 것이 없어 외국노래를 그

캠핑
camping
camping

實用기타ー코ー드全集
기타·코·드全集
우구레레코ー드付
柳一 編著
GUITAR CHORD DIAGRAMS
GUITARCHORD · YO ILL · YUNHAP · GUITAR · CHORD · DIAGRAMS · YO ILL · YUNHAP
聯合出版社

대로 소개한다"고 설명한다든가, 가능하면 우리말을 표현하기 위해 노력한 모습이다. 이 책의 가치는 '해방 이후 (단언할 수는 없지만) 처음 만들어진 캠핑 안내서'라는 데 있을 듯하다.

단기 4292년(1959년) 5월 5일 펴낸 『어린이의 그림』은 전쟁이 끝난 지 몇 년 안 된 힘든 시절에도 아동미술 분야를 활발히 연구한 이들이 있었다는 증거다. 부산 보수동 책방골목을 구경하다 폐지 박스에서 찾았다. 이 책의 지은이는 경남학생화연구회, 발행인은 이재기 선생이다. 이 단체나 이재기 선생에 대한 정보는 인터넷을 통해 찾을 수 없었다. 이재기 선생은 한국전쟁 당시 경남상업고등학교에 재직하고 있었고, 부산 경남중학교 미술교사 조목하 선생과 함께 "학생의 그림을 통해 심리와 생리를 파악"하려는 연구를 진행 중이었다는 내용만 알 수 있었다. 이재기 선생이 "선으로 성격 판단"의 과학적인 통계 자료를 얻기 위해 자신의 "가난한 포켈"을 털어 250여 학교에 도와 달라는 편지를 보냈지만 단 한 곳도 회신이 없었다는 문장에선 가슴이 찡했다. 다음은 책 내용 중 한 단락이다.

> 어린이의 그림이 교사의 낡은 개념에 가까히 오기를 기다릴 것이 아니고 스스로 이해하기 위하여 교사가 나아가야 하겠읍니다. 과거의 미술이라는 관념주의의 포로가 되어서는 안 되겠읍니다. 어린이의 가능성을 부정하려고 애쓰는 정신병자가 되어서는 안 되겠읍니다. 현실을 본다는 것은 반드시 눈으로 보는 것을 뜻합니까? 그렇다면 보기는 했지만 알고 있다고 얘기 못할 것입니다. 우리 몸 전체로 현실을 알아야 하지 않겠읍니까.

마지막으로 소개하고 싶은 책은 해방 이후 발간된 우리나라 최초의 '재즈 기타 코드집'이다. 단기 4292년(1959년) 대구 연합출판사에서 출간했고, 편저자는 유일이다. 제목은 『키타-코-드전집』이고 "우구레레(우쿨렐레) 코-드"도 부록으로 수록돼 있다. 이 책을 지은 유일은 당시 재즈 기타리스트로 활동하고 있었던 듯하다. 1950년대 국내에선 미군 기지 클럽에서 여러 재즈밴드가 활동했지만 기록을 찾아보기는 어렵다. 이 책의 머리말로 추측하는 수밖에. 최대한 원문을 살려서 옮긴다.

짜즈음악은 구미를 비롯하여 최근 우리나라에서도 만능화 하였읍니다. 짜즈음악이라 함은 일반 대중과 가장 가깝게 즐길 수 있는 음악이라 하겠읍니다. 특히 '픽(피크)' 키타-는 리듬 부문에 있어 짜즈음악의 중요한 역할을 하고 있으며 코-드 '네임'으로한 연주법의 좋은 반려가 됨으로써 전문가는 물론 일반 애호가도 코-드 부크Chord Book의 사용 범위가 나날이 늘어가고 있는 차제 여기에 대하여 외서에만 의존하고 우리나라에서 출판된 서적이 없음을 유감으로 생각하여 천식비재淺識菲才(지식이 얕고 재주가 없음)하오나 외서를 참고로 하여 실용적으로 편저하였아오니 연구하시는 마음으로 널리 애용하여 주심을 바라는 바입니다.

초판본이나 절판본을 구할 때는 유명 작가의 작품보다 주류에서 벗어난 장르나 작가에 더 관심이 간다. 내게 초판본과 절판본을 수집하는 재미란, 아무도 기억하지 않을 책들을 구해 거기에 어떤 이야기가 숨어 있는지 실마리를 붙들고 찾는 데서 온다.

19

북페스티벌 구경하는 재미

생각할 수 있는 별의별 지혜를 짜내어 '거짓 활력'이라도 만들어 즐겁게 계속해 가는 것이 중요하지 않을까 생각한다. 모처럼 책이라는, 살아갈 힘이나 힌트를 부여하는 매체의 매력을 전달하는 사람들이 모여 부정적인 앞날의 일만을 이야기해봤자 사람이 모이지 않을 것은 자명하기 때문이다.

— 북쿠오카 편, 『책과 책방의 미래』(권정애 옮김, 펄북스, 2017)

2024년 서울국제도서전에 갔다가 엄청난 인파에 놀랄 수밖에 없었다. 사람 구경 반 책 구경 반으로, 이렇게 많은 사람들이 책을 좋아해서 왔다는 걸 믿을 수가 없었다.

지역에 있는 동네서점들은 힘든 상황인데 서울국제도서전 만큼은 이렇게 성황인 이유가 무엇일까 궁금했다. 2025년 서울국제도서전은 아예 보러 가지도 못했다. 갈까 말까 머뭇거리는 사이 15만 장의 티켓이 금방 매진되었다. 2024년 행사보다 더 많은 인파가 몰려 '오픈런'이 생길 정도로 붐볐다는 뉴스를 보고 티켓을 구하지 못한 게 차라리 다행이었구나 싶었다. 2024년에도 꼼꼼하게 살펴보고 싶은 출판사 부스가 있어도 기웃거리다 돌아설 수밖에 없는 경우가 많았기 때문이다.

혹 부스에서 아는 분을 만난들 편히 이야기를 나누기도 어려웠다. 해가 갈수록 서울국제도서전이 인기를 끄는 것이 반가우면서도 한편으론 또 아쉽다. 책 구경 다니는 걸 아무리 좋아해도 너무 붐비는 곳은 들어가기도 전에 기가 빨리고 시작하는 느낌이다. 5일간 열리는 행사를 이틀 정도 늘린다면 붐비는 상황을 조금이라도 개선할 수 있지 않을까? 나처럼 멀리 사는 사람들도 여유를 가지고 찾아갈 수도 있고.

2012년 도쿄국제도서전에 갔던 기억을 떠올려 보면 이보다는 여유가 있었던 듯하다. 바로 옆 홀에서 도쿄문구박람회가 함께 열려서 자연스럽게 인파가 분산되는

효과가 있었다. 책과 문구는 서로 뗄 수 없는 사이이고, 주변 사람들을 보더라도 둘 다 좋아하는 경우가 많으니 서울국제도서전 때도 문구박람회나 서울펜쇼 같은 행사가 함께 열린다면 볼거리도 늘어나고 조금이나마 숨통을 틔울 수 있지 않을까 싶다. 일본에 비해 문구 회사도 많지 않고 산업 규모도 작지만 서울펜쇼 등 행사에 가 보면 볼거리도 많고 참여자의 열기도 대단하다. 책과 문구는 서로 시너지 효과를 낼 수 있는 분야이니 생각을 보태고 마음을 모으면 분명 좋은 방법을 찾을 수 있을 것이다.

2025년 제주북페어는 스쿠터를 타고 보러 갔다. 벚꽃이 지기 시작할 때쯤 제주시 한라체육관 실내에서 열리는 제주북페어는 웬만하면 매년 꼭 보러 가려고 노력하는 책 축제다. 큰 출판사보다는 소규모 출판사와 독립출판물을 만드는 작가들이 주로 참여한다. 2023년 제주북페어 때는 벚꽃이 흩날리는 아름다운 제주의 봄을 제대로 즐겼건만, 2025년에는 4월 첫째 주 주말(4월 5~6일)에 열리는 바람에 벚꽃 구경은 불가능했다. 예전처럼 3월 말에 열렸으면 한다. 삼천포에서 배에 스쿠터를 싣고 제주항에 내려 제주북페어를 보고 책방을 찾아다니는 여행은, 날씨만 따라 준다면 이보다 더 좋을 수

JEJU
BOOK
FAIR

없다.

2024년엔 자전거를 타고 갔다. 이틀 동안 제주환상자전거길을 돌고 제주북페어가 막을 내리기 전 한라체육관에 도착해서 구경하는 것이 목표였는데 실패했다. 이틀동안 250킬로미터쯤 달려 환상자전거길을 완주하는 건 성공했지만 제주의 날씨는 심술궂었다. 비바람 때문에 시간이 더 걸리는 바람에 한라체육관 근처에 왔을 때는 이미 폐막식이 끝난 시각이었다. 내리막에서 페달을 돌리지 않으면 자전거가 멈출 정도로 강한 바람을 맞아 본 건 그때가 처음인 듯하다. 자전거보다는 스쿠터를 탔어야 했는데. 이를 교훈 삼아 2026년 제주북페어 계획을 세웠다. 스쿠터를 타고 일주일쯤 여유롭게 와서 제주항에서 가장 가까운 종이잡지클럽부터 시작해 시계 방향으로 돌아 60곳쯤 되는 제주의 모든 책방을 돌아보고 싶다.+

유네스코UNESCO가 매년 4월 23일 '세계 책과 저작권의 날'에 책의 수도를 지정하고++ 그 도시에서 다양

\+ 동네서점 홈페이지(www.bookshopmap.com)에 가면 제주뿐만 아니라 전국 모든 서점의 위치와 책 관련 행사 정보가 일목요연하게 정리되어 있다.

++ 2015년 책의 수도는 인천이었다. '기록 문화의 성지'였던 인천을 알리기 위한 다양한 행사와 사업이 진행되었지만, 정작 그 기록을 담은 공식 홈페이지(worldbookcapital2015.incheon.go.kr)는 닫혀 있어 아쉽다.

한 책 관련 행사를 연다는 사실은 2013년 방콕을 방문했을 때 처음 알았다. 바로 그해 책의 수도가 방콕이었다. 방콕의 관광명소인 짝뚜짝 시장에는 헌책방들이 옹기종기 모인 구역이 있다. 헌책방 구역 골목 안쪽으로 들어가면 만화책만 다루는 헌책방들이 있는데 작은 공터에 소박한 무대가 설치되어 있었다. 헌책방 매대가 모인 시장 골목길에서 열리는 행사에 책을 좋아하는 사람들이 와서 강연자의 이야기를 듣고 있었다. 그의 이야기를 알아들을 수는 없었지만(현재라면 번역 앱을 이용해 어떤 내용인지 대충이라도 파악할 수 있을 것이다) 환상적인 분위기였다. 그저 낡은 천막으로 햇빛만 가린 공간에서 열리는 행사나마 헌책방 매대가 완벽한 배경이 되어줬고, 더위도 아랑곳 않고 참여한 사람들도 진심으로 즐기고 있었다.

> '북쿠오카'는 후쿠오카의 출판사와 서점에서 일하는 회원들이 뜻을 모아 2006년부터 추진해온 북 페스티벌의 명칭이다(BOOK과 FUKUOKA를 조합했다). 매년 가을 한 달 동안 각종 이벤트를 개최하는데 후쿠오카 시내에 있는 '느티나무길'의 대로변에서 '한 상자 헌

책방'을 열거나, 서로 경쟁 상대인 후쿠오카 현 내의 수십 개 서점이 함께 '문고 페어'를 열거나, 인기 작가를 초대하여 토크쇼를 개최한다. 출판과 서점 업계의 사람들이 이른바 놀이와 같은 축제 형식으로 책의 매력을 널리 퍼뜨리기 위해 고군분투한 결과, 지금까지 소소하게나마 계속 이어올 수 있었다.

— 북쿠오카 편, 『책과 책방의 미래』(권정애 옮김, 펄북스, 2017)

2016년 10월 대규모 참가단(?)을 꾸려 북쿠오카 '한 상자 헌책방'에 참여했다. 북쿠오카에 대한 책 『책과 책방의 미래』를 번역한 권정애 선배가 지방자치단체나 기업의 지원을 받지 않고 순수하게 시민의 힘으로 10년 넘게 운영 중이라기에 귀가 솔깃했다. 후쿠오카는 멀지 않으니 용기를 냈다. '한 상자 헌책방'에 참가 신청을 하고 동네 선배 세 사람과 함께 북쿠오카에 다녀왔다. '한 상자 헌책방' 최초의 외국인 참가자라는 타이틀 덕분에 그늘을 피할 수 있는 북스큐브릭 바로 앞 가장 좋은 자리를 배정받았다. 지역민들에게 사랑받는 서점 북스큐브릭의 책방지기 오이 미노루 대표는 북쿠오카를 기획하고 뿌리내릴 수 있도록 많은 노력을 기울였다. 북쿠오카를 기획하고 운영해 온 중심 인물인 오이 미노루 대표는 "사람에게는 집과 일터 사이에 쉬어 갈 수 있는 제3의 공간이 필요한데, 서점이 그런 곳"이라고 설명했다. 기내 수화물 반입 최대 중량 25킬로그램에 맞춰 캐리어에 가득 담아 간 책을 풀었다. 결과는 역시나 적자였다. 판 책보다 산 책이 더 많았다.

북쿠오카의 가장 큰 장점은 시민들이 자발적으로 다양한 아이디어를 내고 실행에 옮기는 것이었다. '한 상자 헌책방'부터 전시회, 강연회, 토론회, 공연…… 일주일 동안 다채로운 행사가 느티나무길을 중심으로 시민과 여러 서점의 참여로 열렸다. 무엇보다 부러웠던 점은 양쪽에 '한 상자 헌책방'을 펼쳐도 보행자에게 방해가 되지 않는 널찍한 '느티나무길'의 존재였다. 진주를 포함한 대부분 지방 중소도시는 원도심 공동화 현상을 겪고 있다. 인구는 줄고 상가는 비어 간다. 새로운 도시계획으로 들어선 혁신도시들도 상황이 어렵기는 마찬가지다. 혁신도시조차 사람들이 가장 많이 다니는 상가 구역의 뒷골목은 주차난에 시달리고 인도도 좁다. 도시를 정비할 때 무엇보다 걷는 사람 중심의 도로를 만드는

게 중요한 듯싶다.

과연 내가 사는 진주에서도 이런 행사(북쿠오카)가 가능할까 호기심이 일었다. 후쿠오카 정도 규모(인구 100만 명)가 되어야 가능하지 않을까 하는 부정적인 생각도 스멀거렸지만 욕심을 내지 않는다면 소박하게 시작할 수 있을 것도 같았다. 하지만 당분간은 마음속에만 담아 두는 걸로. 그동안 앞뒤 재지 않고 저지른 일을 수습하는 것만으로도 너무 많은 에너지를 써 버렸다.

북쿠오카에 다녀온 후 남긴 기록이다. 그로부터 벌써 9년이 지났지만 아직도 일을 저지를 에너지가 채워지지 않아 북쿠오카 같은 축제를 내가 사는 동네에서 꾸려 볼 용기를 내지 못했다.

책이 팔리지 않는 시절이라고 하는데 책 축제는 꾸준히 늘어 간다. 각양각책 마포인디북페스타부터 부산 마우스북페어까지 2024년만 해도 전국에서 30개쯤 책 관련 행사가 열렸다.+ 2025년도 마찬가지. 지역에서 열리는 새로운 책 축제 소식이 꽤 되는데, 전주·군산·제주

+ 동네책방(www.bookshopmap.com)에 올라온 '함께 만드는 책시장 달력'을 기준으로 삼았다.

에서 열리는 축제는 이미 자리를 잡은 듯하다. 책 축제 기간에 맞춰 여행 계획을 세운다면 훨씬 재미있으리라.

지금까지 구경했던 북페스티벌 가운데 가장 정겨웠던 곳은 '종달초등학교 제1회 책 축제'였다. 2017년 10월 26일 종달리를 지나다 책 축제가 열린다는 현수막을 보고 들어갔었다. 청명한 가을 하늘 아래 운동장에 텐트를 치고 학부모와 아이들이 즐겁게 책도 읽고 게임도 하는 모습을 보고 있자니 행복했다. 종달초등학교 책 축제는 올해로 9회째를 맞았고(그게 벌써 9년 전이라니), 여전히 잘 꾸려 나가고 있는 듯하다. 혹 가을에 제주 종달리를 지날 일이 있다면 종달초등학교 책 축제 현수막이 걸려 있는지 살펴보시길. 그리고 운동장 벤치에 잠시 앉아 신나는 책 축제를 구경하시길.

가 볼 만한 북페스티벌
(2024~2025년 기준, 일시와 장소는 변경 가능)

- 마포인디북페스타 각양각책, 3월, 서강대 곤자가컨벤션
- 제주북페어, 4월, 한라체육관
- 독립출판만화판매전 칸새, 4월, 마포출판문화 진흥센터 플랫폼-P
- 도서유람단, 5월, 대전 다다르다
- 인천아트북페어, 5월, 인천아트플랫폼
- 전주국제그림책도서전, 6월, 완산도서관
- 전주책쾌, 6월, 문화공판장 작당
- 서울국제도서전, 6월, 코엑스
- 군산북페어, 8월, 군산회관
- 광명아트북페어, 9월, 광명시민체육관
- 서울퍼블리셔스테이블, 10월, 국립중앙도서관 국제회의장
- 구미독서문화축제, 10월, 구미시립도서관, 삼일문고
- 서울와우북페스티벌, 10월, 서울생활문화센터 서교
- 언리미티드에디션 서울아트북페어, 11월, 서울시립북서울미술관
- 부산마우스북페어, 11월, 부산KT&G 상상마당

20

책 숨겨 놓는 재미

(독일군) 장교는 영국문학의 열렬한 팬이며 특히 조이스를 좋아한다고 했다. 그는 그 책으로 영어 실력을 높일 요량이었다. 비치는 설명했다. 나는 그걸 팔 수 없다. 그건 내가 가진 마지막 책이다. 팔려고 내놓은 책이 아니다. 장교가 떠나자마자 그녀는 남아 있는 책 몇 권을 깊숙이 감춰버렸다.

— 루이스 버즈비, 『노란 불빛의 서점』(정신아 옮김, 문학동네, 2009)

독일군이 점령한 파리의 작은 서점 셰익스피어앤드컴퍼니는 1년 6개월 동안 버텼지만 결국 1941년 12월 문을 닫아야 했다. 점령군에게 책을 압수당하지 않으려면 책을 숨길 장소를 찾아야 했기에, 원래 서점이 있던 건물 4층 빈집에 세를 내고 5천 권이나 되는 책을 옮긴 후 이름과 주소가 적힌 간판을 페인트로 지웠다. 그 덕분에 1944년 8월 파리가 해방될 때까지 독일군의 손으로부터 책을 지킬 수 있었다. 책을 숨긴 책방지기의 마음이 이해가 된다. 독일군 장교처럼 마음에 들지 않는 손님(혹은 탐욕스런 장서가)에게서 책을 지키고 싶은 상황을 전혀 마주한 적이 없다면 거짓말이다. 마지막 남은 책이라면 더 말할 것도 없고. 팔고 싶은 마음 반, 가지고 있고 싶은 마음 반인 와중에 가끔 그런 손님을 만나면 값을 터무니없이 비싸게 부르고 싶어진다.

> 헌책방의 책은 기본적으로 어느 것이나 딱 한 권뿐이다. 같은 책은 없다. 살 기회를 놓쳐서 다시 갔는데 없다면 어쩔 수 없다. "다음에는 언제 들어와요?"라고 묻는 손님을 자주 보는데, 이는 낚시꾼에게 "다음 고기는 몇 시쯤 잡히나요?"라고 묻는 것이나 마찬가지다. 헌책방에서 다음 기회란 없다고 생각하는 편이 옳다.
>
> — 가쿠타 미쓰요, 오카자키 다케시, 『아주 오래된 서점』 (이지수 옮김, 문학동네, 2017)

헌책방에서 마음에 드는 책을 만났다면 다음에 살까 고민하지 하지 말고 바로 구입하는 편이 현명하다. 그 책을 다시 만날 기회가 없을 가능성이 크기 때문이다. 이건 온라인 중고서점에서도 마찬가지다. 적당하다 생각했던 가격이 어느 순간 훌쩍 오른다. 물론 그 반대일 때도 있지만 그런 경우는 거의 보지 못했다. 헌책방에서 한 번 나간 책은, 그게 누가 보아도 소중하다 여길 만한 책은 다시 구하기 어렵다. 앞뒤 재지 말고 책을 사야 한다.

하지만 책 욕심을 버려야 할 때도 있다. 주머니가 가볍던 시절 이야기다. 누구에게나 이런 때가 있지 않나. 소유욕은 충만하지만 돈이 없는. 물론 뒤를 돌아보아도 앞을 보아도 내 인생에서 무엇이든 마음껏 소비할 수 있는 시절은 존재하지 않을 듯하지만, 그래도 책만큼은 부자였다고 하고 싶다. 가진 돈이 넉넉지 않아도 책을 사는 데는 아낌이 없었다. 내가 가진 한도 내에서 마음에 드는 책이 있다면 계산 없이 지갑을 꺼냈다. 그래도 워낙 없는 살림이다 보니 항상 그럴 수는 없었다. 딱 이럴 때 헌책방에서 찾아다니던 책이 잊지 못한 연인처럼 나타난다면 어떻게 해야 할까. 둘 중 하나다. 포기하거나 혹은 숨겨 놓거나. 언제라도 다시 만날 기회가 있을 만한 책이라면 잠시 애타는 마음을 접겠지만, 이대로 보내 준다면 영영 이별할 수밖에 없겠다 싶은 책은 제목이 보이는 책등을 안쪽으로 해서 꽂아 놓거나 다른 책더미에 살짝 끼워 두었다.

어떤 변명을 하더라도 단골로 다녔던 헌책방 책방지기들에게 용서받을 수 없는 행동이었다는 걸 안다. 그래도 만약 다시 시간을 되돌려 그 자리에 있더라도 죄를 지을 수밖에 없을 듯싶다. 책을 숨기는 행동을 두고 재미있었다고 하긴 뭐지만, 내 마음은 그랬다. 이래선 안 된다는 죄책감과 숨겨둔 책을 다시 찾아 품에 안고 돌아오는 기쁨이 마음속에 절반씩 차지하고 있었다.

내 죄책감이 가장 많이 쌓인 곳을 꼽는다면 홍대 앞 온고당이다. 월급날이거나 가욋돈이 생길 때면 신촌에 가 여러 헌책방을 돌았는데 특히 온고당이 단골이었다. 이곳은 다른 헌책방보다 구하기 힘든 화집이나 사진집 등 예술서가 많이 들어와 구경하는 재미가 있었다. 소문으로만 듣던 김영갑 선생의 첫 사진집 『마라도』+와 전몽각 선생의 『윤미네 집』 초판본을 여기서 구할 수 있었다. 마니아들 사이에 이름난 사진집이라 발견하자마자

\+ 2025년 8월, 온라인 중고서점에서 검색되는 『마라도』는 딱 두 권이다. 작가의 친필 편지와 사인이 있는 책은 호가가 350만 원이고, 그렇지 않은 책도 70만 원에 올라와 있다.

사진집 서가 맨 구석자리에 책등이 보이지 않게 꽂아 두고 며칠 뒤 구입해 왔다. 혹시나 그사이 팔리지 않았을까 마음을 어찌나 졸였던지. 이미 20년이 훌쩍 지났고, 온고당은 이제 그 자리에 없다.

『마라도』를 구했던 그때쯤 김영갑 선생은 루게릭병으로 제주도에서 투병 중이었다. 언젠가 기회가 된다면 사진집을 들고 찾아뵙고 싶었건만 2004년 『그 섬에 내가 있었네』 출간 이후 카메라를 손에 쥘 수 없을 정도로 쇠약졌다는 소식을 들었다. 두모악 갤러리에도 찾아가 보지 못했다. 사진가는 떠나고 책만 남았다.

> 사람들을 만나 무료함을 달래려면 시간과 돈이 든다. 금전적으로 궁색한 나는 혼자 지내며 사진만을 생각한다. 무슨 일을 하더라도 돈이 절약되는 것들만 찾아서 한다. 사진 찍는 사람에게는 사진만 생각하는 것이 돈을 절약하는 길이다.
>
> — 김영갑, 『그 섬에 내가 있었네』(휴먼앤북스, 2004)

『그 섬에 내가 있었네』에는 아무것도 없이 제주도에 들어와 제주도의 아름다움을 담는 일에만 모든 힘을 쏟

았으나 결국 몸이 아파 카메라를 내려놓을 수밖에 없었던 김영갑 선생의 이야기가 담담하게 실려 있다. 저 문장 속에, 배낭 하나 메고 서울에 와서 겨우 버티던 내 시절이 그대로 겹쳐졌다. “금전적으로 궁색한 나는 책만 생각한다”라고 옮겨 보고 싶지만 김영갑 선생에 비할 수는 없다.

『윤미네 집』을 발견했을 때는 천년 묵은 산삼을 발견한 심마니의 마음이었다. 아마추어 사진가 사이에선 너무나 유명한 사진집이라 구하기가 하늘에 별 따기만큼 어려웠다. 책이 실제로 시중에 팔린 적이 있었나 싶을 정도로 인터넷으로 떠도는 사진들만 볼 수 있을 뿐 실물 책은 꼭꼭 숨어 있었다. 그런 사진집이 내 눈앞에 아무렇지 않게, 그것도 아주 깨끗한 상태로, 작가의 직인이 찍힌(사인본이 아니어서 아쉬웠지만) 채 온고당 책더미 위에 놓여 있었다. 하지만 돈이 없었고, 누구의 눈도 손도 미치지 않을 곳에다 숨겨 놓고 책방을 나올 수밖에 없었다.

얼마나 돈이 없었길래 그랬느냐고? 지낼 곳이 없어 이리저리 지인들을 찾아 동가식서가숙하며 서울살이를 하던 시절이었다. 제대로 꽂아 둘 책꽂이 한 칸 없는 처

지에 마음대로 책 한 권 사는 것도 사치였다. 그래도 며칠 후 『윤미네 집』 구해 왔고, 인연이 닿아 나중에 다닌 회사에서 이 책을 다시 펴내는 일을 맡았다. 애정 가득한 독자였다가 편집자가 되었을 때의 기쁨이란! 나중에 서울살이를 정리하며 고향으로 돌아왔을 때 이문강 선생(전몽각 선생의 부인)이 『윤미네 집』 초판본을 무려 8권이나 챙겨 주신 일은 두고두고 잊을 수 없다.

『윤미네 집』이 원래 전시회를 열며 지인들에게 주려고 만든 것이라 시중에선 거의 구할 수가 없었을 거예요. 많이 만들지도 않았고. 이 책은 지금껏 보관하고 있던 건데 가져가서 책방에서 팔든지 주변에 선물하든지 해요.

이 책이 왜 그렇게 구하기 힘들었는지 그 말씀을 듣고서야 이해할 수 있었다. 『마라도』나 『윤미네 집』이 나왔던 그 시절에도 지금도 사진집은 소수의 독자들만 찾는 책이다. 오히려 지금이 더 힘든 시기인지도 모르겠다. 소장하고 싶은 국내 사진가가 있어도 출간되는 사진집 자체가 드물다. 온라인 서점 알라딘 사진집 분야에

2024년 한 해 등록된 신간은 125권뿐이었다. 누구나 쉽게 사진을 찍을 수 있고 어디서든 스마트폰으로 사진을 꺼내 볼 수 있는 시절이니 사진집을 만들려면 작가도 출판사도 많은 부담을 느끼리라.

팔고 싶지 않은 책이 있을 때도 손님들이 찾지 못하도록 숨겨 놓곤 한다. 책방 주인이라고 해서 모든 책을 팔고 싶은 것은 아니니까. 항상 팔아야 하나 말아야 하나 갈등하게 만드는 책들이 있다. 그런 책들 대부분 눈 밝은 독자가 찾는다면 건네주겠지만 가치를 모르거나 값을 깎으려는 손님에겐 팔고 싶은 마음이 쪼그라든다. 이런 마음도 점점 누그러져, 그게 누구든 책을 사 가는 이는 무조건 훌륭한 사람으로 느껴지는 시절이지만 가끔 어떤 책들을 손님이 쉽게 찾을 수 없는 책꽂이에 둔다. 이건 비밀인데, 어느 책방이건 가장 책방지기가 가장 소중하게 생각하는 책들은 계산대나 책방지기의 책상 가까이 있을 가능성이 크다.

오래전에 부산 보수동 한 헌책방에서 가와나리 요의 『세계의 고서점』을 발견하고 너무나 반가운 마음에 서가에서 꺼낸 적이 있다. 책방지기가 근엄한 표정으로 "그 책은 팔지 않습니다" 하고 딱 잘라 이야기했다. 오랫

동안 그 책을 가지고 싶었으나 매번 실패했다. 이웃 헌책방인 동훈서점에서 구했노라 연락을 받고 얼마나 기뻤는지 모른다. 이 책은 손님이 볼 수 없는 서가에 꽂아 두었다. 이 책을 기어코 가지고 싶은 독자가 과연 책방에 찾아올까. 이 글을 읽고 찾아왔다고 하면 『세계의 고서점』을 내어드릴 수도.

나가는 말

재미의 끝, 책방지기가 된 괴로움

책방을 열면 당연히 책을 많이 읽을 수 있으리라 생각했다. 완전한 착각이었다. 누구나 가졌을 책방지기에 대한 로망은 1년 차에 바로 깨졌다. 책방을 열기 전, 신촌 '숨어있는 책' 노동환 대표를 만나 "3년쯤 책방을 해 보면 답이 나오지 않을까요"라고 겁도 없이 말씀드린 적이 있었다. 그는 "10년을 했는데도 답을 찾지 못했다"며 답을 찾으면 알려 달라고 했다. 3년이 아니라 13년 차가 되었는데 답은커녕 실마리조차 찾지 못했다. 그나마 다른 곳에 비해 느긋하게 버틸 수 있는 이유는 임대료와 유지비가 훨씬 저렴한 지역에서 책방을 하고 있기 때문이다. 그리고 '뭣이 중헌지도 모르고' 이래도 저래도 좋다는, 오늘 걱정은 내일로 미루고 내일 걱정은 모레로 미루는 성격 탓도 크다. 톰 라비의 『어느 책 중독자의 고백』에 보면 '완벽한 책방 주인'에 대한 내용이 나온다.

> 완벽한 책방 주인은 오로지 책 가까이에 머물 수 있다는 단 한 가지 목적을 위해 책방을 운영할 것이다. 사회학자 에드워드 실즈가 쓴 것처럼 책방 주인은 "책 장사에 투신하려면 사회적으로 유용하고 아주 유쾌하지만 정신 나간 방식으로 다소 바보 같아야" 한다.

덧붙여 이런 글도 있다.

> 그들은 책방 주인이지 상업의 화신이 아니다. 그들이 책방을 하게 된 계기는 모든 책중독자들과 관련이 있는 것일 수 있다. 인생의 어느 시점에 그들은 어쩌면 책을 사모으는 일에 빠지게 되었을 것이다. 그리고(여기서 중독자의 심리에는 한 가지 논리가 있을 뿐이다) 필시 더 많은 책을 사기 위한 돈을 벌려고 책 파는 일을 할 결심을 했을 것이다.

고개를 끄덕이며 격하게 공감한다. 나를 포함해 대부분의 책방지기들은 이미 그로기 상태에서 링에 오른 비현실주의자들이다(가욋일로 책방을 운영하는 이들은 제외하자). 브로드컬리에서 펴낸 『서울의 3년 이하 서점들』을 읽었다. 부제가 '책 팔아서 먹고 살 수 있느냐고 묻는다면?'이니 관심이 갈 수밖에. 읽으면서 내내 다른 분들도 비슷한 고민을 하고 있음을 알았다. 딱히 그 고민을 해결할 방법을 찾기 힘들다는 생각도 했다. 물론 몇몇 성공 사례가 있으나, 그것은 사례일 뿐이다. 작은 책방으로 상업적 성공을 거두는 일은 거의 불가능에 가깝다. 우리가 아는 성공 사례조차 큰돈을 번 것이 아니라 책방을 유지하는 데 급급한 상태를 벗어나 다음 계단을 딛고 오를 계획을 세우는 정도이리라. 동네책방에서 책 팔아 돈을 버는 것은 애초 불가능한 일이니, 『서울의 3년 이하 서점들』에 실린 책방지기들의 인터뷰에서도 비릿한 피맛(?)이 난다. 그러나 어쩌겠나, 이왕 저지른 일 죽이 되든 밥이 되든 즐기면서 버티는 수밖에. 다리가 후들거리고 무릎을 꿇고 싶어도 엎어지는 건 나중 일이니 그건 닥치면 생각하자.

어쨌거나, 책방을 차린 이후 돈 벌기 힘든 것보다 괴

로운 건 책 읽을 시간도 에너지도 갈수록 말라 간다는 사실이었다. 책에서 가장 마음에 와닿았던 문장…… 무릎을 쳤다. 집에서 쉬면 책이라도 많이 읽었을 터인데.

> 솔직히 말해서 서점 안 하고 집에서 쉬는 게 이득일 것 같다.
>
> — 고요서사 차경희 대표

책방지기 선배들의 충고를 한 귀로 듣고 한 귀로 흘린 대가는 컸다. "건물주 아니면 처음부터 책방 할 생각을 말라"라는 선배들의 조언은 이제 나의 레퍼토리다. 언젠가는 책방을 해 보고 싶다는 꿈을 가진 애서가를 만날 때마다 그 꿈을 부수는 걸 의무라고 생각하게 됐다. 9장에서도 언급했지만, 방콕 다사북카페를 방문하고 난 뒤에 가장 이상적인 책방을, 거기서 늙어 가는 내 모습을 상상해 본 적이 있다. 그날 일기다.

> 욕심을 부리지 않고 몸피를 줄여 아마 15평쯤 되는 좁고 긴 꼴을 한 책방에서 하루를 보낼 것이다. 나무바닥은 내 몸처럼 가끔 삐걱거리는 소리를 내고, 지독히 사

랑하지만 팔리지 않는 책들은 세월의 더께만큼 쿰쿰한 냄새를 풍기겠지. 가끔, 오랫동안, 잊지 않고 오는 손님과 묵은 이야기를 하고, 없거나 구하지 못한 책들에 대한 불만을 들을 테다.

덧붙이자면 책방 맨 구석에 길이 180센티미터, 폭이 80센티미터인 책상 두 개를 ㄱ자로 붙여 놓고 오른쪽에는 문고판으로 가득 채운 낮은 책꽂이 하나를 둔다. 손님일랑 오건 말건 종일 읽고 싶은 책을 보다 해가 지면 마음에 드는 문장 한 구절 옮겨 쓰고, 집으로 돌아갈 때 침대 머리맡에서 읽을 책 한 권 가방에 넣는 꿈을 꾸었다. 완벽한 꿈이었다. 꿈은 꿈일 때 아름답다. 책방을 열기 전에 그걸 깨달았어야 했는데. 페르난두 페소아는 『불안의 책』에서 이렇게 말했다.

우리가 꿈꾸는 것만이 진정 우리의 소유이고, 현실에서 이루어진 것들은 세상과 다른 모든 사람들에게 속한다.

손님으로 헌책방을 다니던 시절과 책방지기의 현실

은 완전히 달랐다. 더구나 지금은 자본주의의 끝판왕이라 할 온라인 플랫폼 시대다. 속도와 편리함으로 무장한 플랫폼들의 시대에 작은 동네 헌책방이 가질 수 있는 여유와 낭만 같은 건 없다. 다른 서점도 마찬가지 상황일 것이다. 헌책방의 고전적 역할은 지역에서 필요가 다한 책을 모아 다시 독자에게 연결하는 것이었는데, 요즘은 그 역할도 온라인 중고마켓이 맡는다. 굳이 헌책방을 통하지 않고도 개인이 책을 쉽게 거래할 수 있다. 헌책방이 존재해야 할 이유를 딱히 찾을 수 없다는 뜻이기도 하다. 매입이 가능한지 연락해 오는 손님들도 대부분 책을 온라인 중고마켓·서점에서 거래하기 어려워하는 경우다.

온라인 판매도 어떤 형태의 지원도 달갑지 않은 동네 헌책방이 생존할 수 있는 방법은 무엇일까? 책방을 열기 전부터 고민했지만 13년 차인 지금까지도 솔직히 뾰족한 방법을 찾지는 못했다. 어쩔 수 없이 내키지는 않지만 더는 구하기 힘든 책을 찾는 수집가와 기록자의 영역을 계속 기웃거릴 수밖에 없는 듯하다. 그래도 책방은 계속 살아남아야 하고, 책의 재미도 전해야 한다. 아, 어렵다!

책, 읽는 재미 말고
: 솔직히 다 읽으려고 사는 건 아니잖아요

2025년 12월 4일 초판 1쇄 발행

지은이
조경국

편낸이
조성웅

펴낸곳
도서출판 유유

등록
제406-2010-000032호(2010년 4월 2일)

주소
경기도 파주시 돌곶이길 180-38, 2층(우편번호 10881)

전화
031-946-6869

팩스
0303-3444-4645

홈페이지
uupress.co.kr

전자우편
uupress@gmail.com

페이스북
facebook.com/uupress

트위터
twitter.com/uu_press

인스타그램
instagram.com/uupress

편집
정민기, 김정희

디자인
이기준

조판
정은정

마케팅
전민영

제작
제이오

인쇄
(주)민언프린텍

제책
다온바인텍

물류
책과일터

ISBN 979-11-6770-140-4 03810